キムチと
김치와 미소시루 味噌汁

韓日、異文化交流のススメ

嶋田和子

教育評論社

まえがき

韓流ブームが始まって何年たったでしょうか。今から十年前、私はよく電車の中で韓国語を勉強していましたが、いつも周りの人々から不思議そうな顔で見られたものです。でも、今は『冬のソナタ』に始まって、テレビ、映画、観光旅行と、日本人の韓国への関心は高まる一方です。どんなきっかけでも、隣国に関心を持ち、交流しあうことはすばらしいことだと思います。長い間「近くて遠い国」と言われ続けた韓国が二十一世紀には「最も親しい国」に生まれ変わると信じています。

皆さんのすぐそばに多勢の韓国の人々が暮らしています。大きな夢をもって勉強を続けている留学生、仕事で日本に滞在しているビジネスマン、ワーキングホリデーとして来日し、日本で働いている若者たち。そんな韓国人の姿を知っていただきたいと思い本を出版しようと思い立ちました。

私の仕事は日本語教師。これまでに何百人、いや何千人もの留学生との出会いがありました。彼らと過ごした日々はすばらしい思い出であり、またそのことが今の私を作ってくれたと感謝しています。「ことばは文化」という通り、日本語を学び、日本人と触れ合うことで留学生は日本を知り、日本社会を理解してくれます。また日本語を学ぶことで、自分の国がもっとよく見えてきた、自分自身がもっとよく見えるようになったといって韓国へ帰って行きました。そして、私自身も似ていて違う国「韓国・韓国語・韓国人」を知ることで、多くの「学び」がありました。

韓国語は日本語ととてもよく似た言語です。語順も日本語と同じ、構造や語彙にも多くの類似点が見られます。一石二鳥、自業自得、いろいろな四字熟語も同じように存在します。そんな、従兄弟同士のように似ている隣国の言葉を知ることで、日本語のことがよくわかるようになります。

留学している人たちは、ただ言葉を学ぶのではなく、日本人と出会い、日本文化を知り、そして日本社会で快適に暮らすことができることを願っています。そんな彼や彼女たちの思いを理解していただき、日本人の方々には、ぜひ留学生と出会うチャンスを持っていただきたいと思います。

この本は、どこから読んでいただいてもけっこうです。手にとって気の向くまま、好きなところからお読みください。学校のテキストとして、一つの話題を取り上げて、クラスで話し合いをしてはいかがでしょう。貴重なご意見を、私の勤務するイーストウエスト日本語学校、もしくは、この本の出版に協力してくれた教育評論社にお寄せください。そこからまた新しいすばらしい出会いが始まっていくことを信じてやみません。

韓国語には「始めることが半分（シジャギ　パニダ：시작이 반이다)」ということわざがあります。「物事は始め

さえすれば、半分はもう成就したも同然」という意味です。そうです。とにかくこの本を読み始めてください。そして、留学生との出会いを求め、一歩踏み出してください。本書が大きなヒントと、すばらしい出会いのきっかけになることを期待しています。

目　次

PART 2　頑張ってます！　留学生たち

留学生とご近所づきあい

PART 3 留学──その後

誰の前にもチャンスはある

【留学ミニコラム】

PART 1

ことばと習慣

日本語ってどんな「ことば」

「いる」と「ある」とはどう違う？

「私の学校には先生が四十人あります」
「えっ？　先生をモノ扱いするの？」

留学生とのこんなやり取りはしょっちゅうです。留学生を混乱させる原因は「いる・ある」の区別です。

生きている物は「いる」、そうでない物は「ある」で表します。つまり人間や犬は「いる」であり、「箱・本」は「ある」を使います。しかし、生きている物であっても、「自ら活動すること」ができなければ「いる」にはなりません。ですから、「木・花」は「ある」となってしまいます。では、「魚」はどうでしょうか。

△ 池に魚がいる。
△ 魚屋に魚がある。

生きている魚か死んでいる魚かによって、「いる・ある」を使い分けています。では、「タクシー」はどうでしょうか。

△駅前にタクシーがある　△駅前にタクシーがいる

△車庫にタクシーがある

駅前のタクシーには運転手さんが乗っています。いつでも運転可能な状態です。ここで、運転手さんに視点を置けば「タクシーはいる」となり、タクシーという物について述べるのであれば、「駅前にはいつもたくさんタクシーがある」となるのです。車庫のタクシーは常に「ある」を使います。

空港の飛行機についても同様です。自分が乗る飛行機がもう着いている、という場合「飛行機がいる」と言いますが、格納庫の飛行機は「ある」と表現します。

「いる・ある」の区別は、英語にはもちろんありませんが、日本語と非常に似ている韓国語にもありません。

『あげる⇔もらう』＋『くれる』

Give & Take に対する日本語は、「あげる＆もらう」ですが、実は日本語には「あげる」の代わりに「くれる」を使うことがあります。

・田中さんは<u>キムさんに</u>本を あげた 。
・キムさんは田中さんに本をもらった。

となりますが、これが本を受け取った人が「私」の場合は違ってきます。

・田中さんは**私に**本を[くれた]。
・私は田中さんに本をもらった。

また、「私」ではなく、「息子」の場合でも同様です。でも、その息子に本をあげる人が家族の中の夫となるとまた違ってきます。

・田中さんは息子に本を[くれた]。
・夫は息子に本を**やった**。

つまり、田中さんというソトの人間がウチの人間である「息子」に対しては「くれる」となりますが、主語が夫となると、家族内の出来事、つまりウチの人間同士の話なので、「あげる」に、さらにそこには親子という関係が出てくるので、「あげる」が「やる」になるわけです。

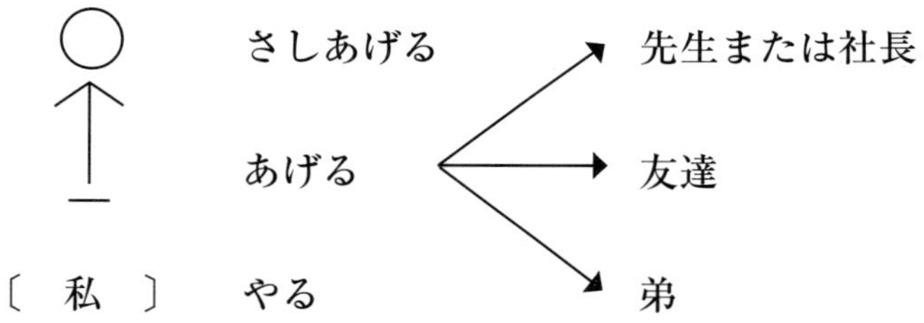

日本語の授受表現はこのように複雑です。でも、それだけ豊かな表現を使ってコミュニケーションをしていることになります。他の言語にはない日本語独特のむずかしい表

韓国からもどってきたAさんは、大家さんにお土産を買ってきました。Aさんの「くだらない物ですが、どうぞ」の言葉に、大家さんは困惑気味。実は韓国では「くだらない」も「つまらない」も同じ使い方です。

いろいろな人を知っていたり、知られたりしている人のことを、日本では「顔が広い」といいますが、韓国では「足が広い」といいます。韓国語では、自分の足で動き回る積極的な姿勢が見えますが、日本語には受身的な姿勢を感じます。

現といえるところです。

「雨が降る」と「雨に降られた」の違い

韓国人学生は、日本語と韓国語の距離の近さから、猛スピードで上達していきますが、受け身表現になると、ちょっと立ち止まる人が出てきます。それは、韓国人には受け身的な発想がないからです。ですから、言葉として受け身形は習得しますが、使い方の本来の意味がなかなか素直に納得できていないようです。

たとえば、日本語独特の表現に「迷惑の受け身」があります。

▲『雨に降られた』……自動詞「雨が降る」の受け身で、「自然現象として雨が降ることを、嫌なもの、迷惑なものとして受け止める」という、受け手の心情が含まれています。

▲『急に店員にやめられた』……「店員が急にやめた。だから、人手が足りなくて困った」ということが、たった一つの「やめられた」という言葉に込められています。こういった自動詞の受け身は、英語にも韓国語にもありません。

『ちょっと……』という言い方

「お早うございます。どちらへ？」

「ちょっとそこまで」
「お気をつけて」

以前はこんな会話がよく街角で聞かれたものです。留学生は、「どちらへ」となぜ聞くのか、余計なお世話ではないか、と来日早々はちょっぴり気分を悪くするものの、すぐにそれが日本式のすてきな挨拶であることを理解します。人に誘われて断る時にも便利です。

「今晩飲みに行かない？」
「今晩はちょっと……」
「じゃあ、また今度」

何と便利な言葉なのでしょう。お互いにアレコレ言ったり聞いたりする必要はありません。
この言葉の使い方は『言いさし』といい、『ちょっと』と言って、後ろの文は省略した形で、否定的な内容を暗に示す時に使います。断り方をやわらげる働きをしているのです。この「ちょっと」だけで、話し手の気持ちが相手に伝わるのですから、実に魅力的な日本の文化です。『沈黙は金』『言わぬが花』ということわざはそのことをよく言い表わしています。
しかし、韓国では表現が少し違います。『沈黙は金』ということわざもありますが、同時に『言葉は千両の借金を返す』『言葉ですべての恩を返す』といったことわざも存

アルバイト先で「ハムチワン」と言われ、Bさんはちんぷんかんぷんでした。実はこの「ハムチワン」は、「ハムアンドチーズを一つ」を省略したものでした。キャラメルマキヤートは「キャラマキ」です。省略してもわかり合う仲だということで「仲間意識」をつくっているのかもしれません。

「もしもし」という電話での話しかけを、韓国語では「ヨボセヨ」といいます。「ヨボセヨ」とは、「ここを見て」（ヨ＝ここ、ボ＝見る、セヨ＝軽い命令で依頼をあらわします）という意味です。「もしもし」は「申す申す」が語源で、「私が申します。聞いてください」からきています。「ヨボセヨ」と比べると、日本語の「もしもし」は積極性に欠ける感じを受けます。

在します。そこが韓国と日本の大きな違いと言えるでしょう。

日本の敬語はむずかしい

日本人にとってもむずかしいのが敬語の使い方です。「丁寧語・尊敬語・謙譲語」の使い分けをきちんと説明できる日本人がどれだけいるでしょうか。

むずかしく言えば、日本語の敬語は相対敬語で、韓国語は絶対敬語になります。場面によって、文脈によって使い分けなければならない相対敬語の表現は、留学生にとってはとてもむずかしいのです。

つまり、日本の場合は、ウチとソトでは同じ人に対しても異なる敬語を使います。秘書が社長のことを言う場合を例にあげると、社外の人に対しては『社長は、出かけております』と謙譲語を使い、社内の人に対しては『社長は出かけていらっしゃいます』と尊敬語を使います。

韓国語の場合は、『先生、ソウルからお父さまがいらっしゃいました』と、父親に対してはどんな時にでも尊敬語を使います。

また、丁寧に言う言葉も、「頭が痛くて早く帰りたい」と、上司に申し出る場合、日本人は「頭が痛いので、早く帰らせていただけませんか？」と言います。

しかし、韓国人は「早く帰ってもいいですか？」「早く帰りたいんですが」と言うほうがよっぽど自然だと感じるようです。

「させていただく」の連発は×

「……させていただく」という表現は、自分の行為に対して、相手に許可を求める時に使う日本的な使い方です。

ところが、聞き手にとってまったく関係のない事柄に対して「……させていただく」を連発されたのでは、気分が悪くなってしまいます。政治家の中にも「させていただく」という言葉を連発して顰蹙（ひんしゅく）を買っている人がいます。

「……させていただく」という言葉には、相手との関係を配慮した使い方が重要です。日本人でも適切に使ってない人が意外に多いものです。

ある知人の例ですが、その人が乱用する「……させていただく」を、私も非常に耳障りに感じ、いったいどれくらいの割合で使っているのだろう、と調べてみたことがあります。

その人は「……させていただく」を連発することで、「私は奢った人間ではない。偉いと思ってはいない。みんなと一緒に、みんなのためにやっている政治家なのだ」という姿勢、気持ちを伝えたかったようです。しかし、ただ連発すれば丁寧さが増す、気持がこもるというわけではありません。上っ面だけ、形式的に丁寧さを表わそうとしても、意味がないのです。

Cさんは、バイト先のお店で一番人気のある料理は「おしぼり」だと思っていました。席に案内すると「はい、おしぼり一丁」「あちらのテーブルにおしぼり三つ」などと、みんな必ず叫ぶからです。それを聞いて、Cさんは「人気がある料理だな」と思っていたのです。

『あいまいさ』は日本人の妙技

留学生にとって日本語のむずかしさにもう一つ「あいまいさ」があります。

「どうしたの？　顔色が悪いね」

「あの、風邪をひいてしまったようなんです」

「風邪をひきました」と言い代えることもできますが、「～てしまう」「ようだ」「んです」と三つのものを使うことによって、より微妙なニュアンスを出せるのが日本語です。それぞれの違いは、次のようになります。

▲～てしまう　　残念・後悔といった気持ちが含まれます。

▲～ようだ　　はっきりと言わずに、ぼかした表現です。

▲～んです　　事情を説明しているのですが、単なる説明ではなく、感情が入っています。

「ようだ」という言葉を挟み込むことによって、きっぱり言い切るという感じを避けているのです。

日本語はあいまいでよくない、という評価を耳にすることもありますが、これこそ、「和」を重んじる日本人の言葉の妙技といえるのではないでしょうか。

Dさんは日本の居酒屋でアルバイトしていたとき、日本で一番人気のあるビールは「とりあえずビール」だと、ずっと思っていました。お客様に注文をうかがうと、みんな、必ずといっていいほど「とりあえずビールお願いします」というからでした。

省略が多い日本の言葉

新幹線に乗るといつも耳にするのが、「まもなく京都です」という車内放送です。そして、そのあとに続く英語の放送の長いこと。「We will soon make a brief stop at Kyoto」となります。英語では主語を省略しません。しかし、日本語では「私たちは」などとは言いません。このことから日本語は「人間不在の言語である」と言われることもありますが、実は、日本語とは常に「自分」が主体となって存在しているからこそ、表に出てこないのです。省略がとても多いのが日本語の特徴の一つです。そして、このことが、また、留学生たちを悩ませていることのひとつなのです。

▲子どもに泣かれた。
▲恋人にもらった。

上の二つの文は、主語はなくても、自分の視点から物を言っていることがわかります。

次に、「ぼくは、うなぎだ」という有名な「ウナギ文」について触れてみます。

▲ぼくは、うなぎだ。

ドライブの帰り道、「今日は思ったよりつまらなかったね」という彼の言葉に、韓国人女性のEさんは、不審な顔をせざるを得ませんでした。実は、彼は、いつも渋滞で詰まっているけれど、今日は「道はつまらなかったね」という意味で言ったのです。

という文章をそのまま英語にしたら大変なことになります。実際にはこの文章は、「ぼくが食べたいのは、うなぎだ」「ぼくが注文したのは、うなぎだ」といったことを表現しています。同じように、

▲私は、村上春樹だ。(私が好きな作家は村上春樹だ)
▲姉は、男の子だ。(姉の子どもは男の子だ)
▲ぼくは、新宿だ。(ぼくは(用事があるんで)新宿へ行く)

となります。日本語では、こんなふうに省略がたくさん使われています。省略は、日本語の特徴であり、また美しさです。しかし、発表をする時や、意見を述べる際には、その特徴をよく知り、明確に言う必要もあります。

たとえば、「もっと留学生の実態についてよく考える必要があります」といった意見を言う場合、いったい誰がよく考えるのか、国か、自分か？　なんとなくあいまいな発言になりかねませんので、注意が必要です。

線の内側と外側

韓国の駅でも日本と同様の構内アナウンスが流れます。日本では「まもなく二番線に電車が参ります。黄色い線の内側でお待ちください」とアナウンスされます。

これを聞いた韓国人のユクさんは、「どうしてそんな危険なプラットホームの端っこで待つようにと放送するのだ

中国人「これは私の愛人です」
日本人「はぁ……？」
　こんな紹介をされたら、たいていの日本人は返事に困ってしまいます。これは、実は、中国人が「愛人」という言葉を日本語読みで「あいじん」としたことからきた誤解です。「愛人」は、中国では「妻」という意味なのです。韓国では「愛人」を「エイン」と読んで「恋人」の意味になります。

ろう」と、とても驚いたといいます。

アナウンスが放送していた言葉は日韓で違いはありません。しかし、意味が違います。日本では「黄色い線の内側でお持ちください」といい、韓国では「線の外側でお待ちください」という意味になるのです。つまり、黄色い線をどこから見るかによって内側か外側か違ってくるわけです。韓国のように電車のあるほうから言えば、日本のアナウンスでは線の外側で待つことになりますから、ユクさんが危ないと思ったのは当然です。

三つの姿をもつ日本語

留学生は、まずひらがなを勉強し、それからカタカナを習得していきます。しかし、人によってはカタカナのほうが直線的でずっと頭に入りやすいと、カタカナを先に勉強し始めます。たしかに、留学生が自分の名前を書くには、ひらがなよりカタカナのほうが便利ですから、そのほうが合理的かもしれません。（？）

留学生にとってもっと大変なのは漢字です。漢字文化の国である中国・台湾からの留学生は、それほど苦労はありません。しかし、その漢字圏の留学生でさえ日本語の漢字には、音読みと訓読みがあり、またそれぞれに何通りもの読み方が存在するので大変です。ましてや漢字のない国から来た留学生には大きな負担になるのは当然です。

たとえば「生」という漢字を見てみましょう。こんなにもたくさんの読み方が存在します。

【生】

音読み　生活（セイカツ）　一生（イッショウ）

訓読み　生き物（いきもの）　四月生まれ（しがつうまれ）
生い立ち（おいたち）　草が生える（くさが　はえる）　生野菜（なまやさい）　生糸（きいと）

さらに、その上「芝生（しばふ）」という特別な読み方もあります。同じ漢字圏でも中国語や韓国語では、漢字には一つの読み方しかありませんので、これだけの読み方を覚えるとなると、たしかに並大抵のことではありません。

しかし、場面・文脈の中で、漢字のさまざまな使い方を覚えていくことは、留学生にとって一つの楽しみにもなっているようです。

中国人留学生のリさんがこんなことを言っていました。
「日本語の漢字はむずかしい。でも魅力がいっぱいです。

漢字はもともと中国で作られましたが、現代まで漢字の精神と歴史を守っているのは日本だけですよ。日本人はもっとそのことに気がついたほうがいいと思います。中国は簡単な漢字『簡体字』にしてしまったので、漢字の持つ意味が一部見えなくなってしまいました」

この言葉を聞いた時、大切にしなければいけない意見だと感じ入ったのを今もよく覚えています。

「愛人」のホントの意味は？

韓国語は六割近くが漢字語で、日本語と発音がよく似ていて意味も同じものがたくさんあります。そういう意味では、韓国の人にとって日本語を学ぶことはとても楽だと言えます。

高速道路（コソクドロ）	運動（ウンドン）
器具（キグ）	部分（ブブン）
教育（キョユク）	基準（キジュン）
価値（カチ）	計算（ケサン）
無視（ムシ）	温度（オンド）

しかし、一方で意味がまったく違うものがあります。たとえば、韓国人学生に「愛人（あいじん）がいますか」と聞かれて、驚いた日本語教師がいます。韓国語では「愛人」と書いて「エイン」と読み、恋人を意味します。ちなみに中国語では「愛人」と書いて「奥さん」を表わします。これまでに、中国人から「これは私の愛人です」と紹介されびっくりした日本人が何人もいるのではないでしょうか。

また、日本語の工夫（くふう）という漢字は、韓国語では「勉強」という意味で使われます。韓国語の「工夫（コンブ）」という言葉には、考えながら学ぶというイメージがあり、私の好きな言葉の一つです。他にも次のようなも

いろはにほへと　ちりぬるを　わかよたれそ　つねならむ
うゐのおくやま　けふこえて　あさきゆめみし　ゑひもせす（京・ん）

色は匂えど　散りぬるを　我が世誰ぞ　常ならむ
有為の奥山　今日越えて　浅き夢見じ　酔ひもせず（京・ん）

のがあります。

議論（ウィノン＝相談）　　去来（コレ＝取引）
外人（ウェイン＝部外者）　迷惑（ミホク＝眩惑）

日本語の手紙は、韓国語では「便紙＝ピョンジ」という全く違う漢字語を使います。ちなみに中国語で手紙は「信」であり、「手紙」という漢字はトイレットペーパーを表します。日本語、韓国語、中国語を漢字でつないでいくと面白い発見が次々に出てきます。

仮名文字は柔らかい!?

日本人は、人真似は得意だが、独創性がない——という批判を受けることがあります。しかし、私は、ひらがなやカタカナを考案した日本人の独創性はすばらしいものだと思っています。

カタカナは漢字の一部を使って九世紀ごろ考案されました。また、ひらがなは、漢字をくずして作られ、十世紀ごろにはできたと言われています。

しかし、私たち日本人は、大学に行って専門的に学ばない限り、こうした歴史的事実を教えてもらったり、習ったりすることもなければ、日本語のなりたちについて深く考えることは、まずありません。

ある留学生がこんなことを言いました。

面目を失わせることを日本語では「顔に泥を塗る」といいます。ですが、韓国では「顔に糞を塗る」となります。下品な表現と思ってしまいますが、韓国には、性や排泄に関する多くの罵倒語があります。日本は世界でもまれなほど罵倒語の少ない国なのです。慣れていない日本人は、少々閉口してしまうかもしれません。

「どうして日本の若い人は『いろは歌』を知らないんですか。読めば読むほどすばらしいと思います。そこには無常観もあるし、日本語独特のリズムもあります。これを忘れてしまうのは、もったいないと思います」

なるほど、昔は四十七文字からなる「いろは歌」を使って文字を学んでいました。今は、五十音表が基盤になっています。いろは歌が読め、さらに意味まで言える日本人がどれほどいるでしょう？　時に、留学生たちの発見や何気ない意見は、私たち日本人に、実にさまざまなことを教えてくれます。

ことば・コトバ・言葉

「日本語って面白いですね。ふつうは一つのことに幾つも言い方があったら、混乱が起こります。でも、日本人は、「ご飯」って言ったり、ライス、めし、いろいろですよね。でも、そこにはちゃんと住み分けがなされています」

と授業で、ある学生が発言しました。

「カレーライス」は「カレーライス」であって「カレーごはん」にはなりませんし、「まぜご飯」は「まぜライス」とは言いません。「冷や飯」は「冷やライス」とは言いません。友だち（和語）、友人（漢語）、フレンド（外来語）では言葉の持つ響きが異なります。また、同じ言葉であっても、ひらがな・カタカナ・漢字のどれで表記するかで、そのイメージも違ってきます。

学校などでは毎朝出席をとりますが、「キムさんはケッセキですね」というと、韓国人ならばイヤな顔をします。なぜなら「ケッセキ」という発音は、韓国では「犬の子」という意味になり、悪口のひとつになります。

たとえば、次のように書いたらどうでしょう。

△詩の**ことば**　　△詩の**コトバ**　　△詩の**言葉**

同じ言葉でも、柔らかい曲線のひらがなは、優しいイメージ、直線的なカタカナは固いイメージをあたえます。二つの仮名と漢字を持つ日本語は、豊かな表現が可能になります。留学生とこんなことを話し合っていると、時には意外な発見があるものです。

留学生の漢字の覚え方

漢字を使わない国・非漢字圏の留学生たちは、漢字学習が大変です。しかし、漢字を覚えなければ、日本語の上達は望めません。漢字の習得方法は、人によってさまざまですが、どうやったら非漢字圏の留学生が楽しく漢字が覚えられるか、私たち日本語学校の教師はさまざまな工夫をしています。たとえば、留学生たちは自分たちでストーリーを作って、楽しく漢字を学んでいます。
△「宿題の［宿］」→分解して覚えます。「うかんむり」は家の屋根を意味します。「にんべん」は人を表します。そして、右側の「百」をさらに分解して、「一枚の白い紙」と考えます。そこからストーリー作りが始まります。【私が家で白い一枚の紙で宿題をする】
△「逃げるの［逃］」→「逃」の右側はゴキブリに見えませ

んか。そして、「しんにょう」は道という意味なので、【道をごきぶりが逃げている】となります。

△「聞くと聴く」→「きく」には「聞く」「聴く」の二つがあります。「聞く」は「耳と門」でできています。これは、「門」には「満・万」と同じように「いっぱい」という意味があり、「聞く」は、たくさんの情報を耳から入れることを意味しています。

一方、「聴」は四つのパーツ「耳、十、目、心」に分解し、こう解釈します。人の話を耳で聞いて、十分に目で見て、心に落とす（表面的ではなくしっかり受け止め、心で感じる）。

昔は、今のようにテレビもなく、本を読むことで自分が経験できない世界を、まるで自分の体験のように感じることができました。本は「世界の窓」であり、自分自身を見つめるために「なくてはならない友」でした。しかし、今はさまざまな手段があり、じっくり活字に触れる必要性を感じる場が少なくなってしまいました。漢字を自分のものにしようと努力している留学生と一緒に、漢字の素晴らしさを再発見してみてはいかがでしょうか。

ハングルってどんな言葉？

言葉の中の「その国の心」

韓国語を知れば知るほど韓国という国が見え、韓国人がよく理解できるようになります。たとえば、私の場合、「創氏改名」ということも、単なる歴史的事実として知ってはいましたが、その時の韓国人の心はわかっていませんでした。しかし、言葉を学ぶことによって、韓国文化、韓国人の心が少しずつ理解できるようになりました。

韓国語は絶対敬語で、親に対して敬語を使います。「これはお父さんがくださった辞書です」と言います。日本語ではこういう言い方はしませんから、その間違いを教えますが、ある学生が授業を終えてから、こう打ち明けてくれました。

「先生、文法はわかりました。間違っていることもわかりました。でも、父親に対して敬語を使わないのは、なぜか気持ちが悪いんですよ」

これは、韓国人の身体に染み付いている「親を敬う儒教精神」なのでしょう。

日本にも何十年か前までは、どこの家庭にも存在していた、この親を敬う気持ちを、韓国人は今も持ち続けています。たとえば、目上である私に答案を出す時も両手で差し

「八方美人」は、韓国の留学生がよく間違える四字熟語のひとつです。日本語では、誰からもよく思われるように、相手に調子を合わせて要領よくつきあっていくことを意味します。しかし、韓国では「チェジュガ　マナヨ(才能がたくさんある)」という意味で使われます。同じ言葉でも、日本語はマイナス評価、韓国語ではプラス評価になっています。こうした違いは、日本人の「人の目を気にする」という心情からきているのでしょうか。

●韓国語表●

母音 子音	ㅏ [a]	ㅑ [ja]	ㅓ [ɔ]	ㅕ [jɔ]	ㅗ [o]	ㅛ [jo]	ㅜ [u]	ㅠ [ju]	ㅡ [ɯ]	ㅣ [i]
ㄱ [k/g]	가	갸	거	겨	고	교	구	규	그	기
ㄴ [n]	나	냐	너	녀	녀	노	뇨	누	느	니
ㄷ [t/d]	다	댜	더	뎌	도	됴	두	듀	드	디
ㄹ [r/l]	라	랴	러	려	로	료	루	류	르	리
ㅁ [m]	마	먀	머	며	모	묘	무	뮤	므	미
ㅂ [p/b]	바	뱌	버	벼	보	뵤	부	뷰	브	비
ㅅ [s/ʃ]	사	샤	서	셔	소	쇼	수	슈	스	시
ㅇ [ŋ/無音]	아	야	어	여	오	요	우	유	으	이
ㅈ [tʃ/dʒ]	자	쟈	저	져	조	죠	주	쥬	즈	지
ㅊ [tʃʰ]	차	챠	처	쳐	초	쵸	추	츄	츠	치
ㅋ [kʰ]	카	캬	커	켜	코	쿄	쿠	큐	크	키
ㅌ [tʰ]	타	탸	터	텨	토	툐	투	튜	트	티
ㅍ [pʰ]	파	퍄	퍼	펴	포	표	푸	퓨	프	피
ㅎ [h]	하	햐	허	혀	호	효	후	휴	흐	히

<合成母音>

ㅐ	ㅒ	ㅔ	ㅖ	ㅘ	ㅙ	ㅚ	ㅝ	ㅞ	ㅟ	ㅢ
[ɛ]	[jɛ]	[e]	[je]	[wa]	[wɛ]	[we]	[wɔ]	[we]	[wi]	[mi]

出します。もし片手の場合は、差し出した手にもう一方の手をそっと添えて差し出します。また、目上の人の前でお酒を飲む時は、正面を向かず、そっと横を向いて飲むようにしますが、さすがにここまでする人は、今の韓国では少なくなったようです。

韓国語は覚えやすくて美しい

最近は韓国ドラマの流行でいろいろな年齢層の方々が韓国語にチャレンジなさっているようですが、多くの日本人は、あのハングルを見て、おじけづいてしまうのではないでしょうか。

でも、実はハングルほど合理的な文字はありません。基本的に右か上にあるのが母音、左か下にあるのが子音ときまっています。つまり母音と子音の組み合わせでしかないのです。

さらに言えば、そのハングルの作り方がすばらしいのです。ハングルは、一四四三年李氏の四代目世宗大王によって制定され、一四四六年に公布されました。「ひとつしかない文字」「偉大な文字」という意味を持っています。合理性に富み、しかも李氏朝鮮時代に支配的な思想であった朱子学の世界観の天・地・人が反映されています。母音のほうはその天【・】、地【ー】、人【｜】からでき、子音は音声器官の形をイメージして作られています。子音の例を少しあげてみましょう。

【ㄱ】〔k〕は、舌の後ろの部分が軟口蓋について発音されます。

【ㄴ】〔n〕は、舌が歯の裏から歯茎についている状態で発音されます。

【ㅁ】〔m〕は、唇を閉じて発音します。

そして、母音「ア」は【아】ですから、「カ」は【가】と書き表します。【가】が「カ」であるならば、【나】は「ナ」、【마】は「マ」となります。

ハングルという固い殻で覆われた韓国語も、殻を取れば、中は柔らかいのです。温泉卵のような存在と言えるでしょう。しかも、そのハングルという殻もすぐ割れるのですから、日本人にとってこんなに覚えやすい言葉は他にありません。

韓国語の音変化は面白い

観音、因縁、反応…これらの漢字の正しい読み方は、「かんのん・いんねん、はんのう」です。しかし、そのまま一つひとつの漢字を読めば「かんおん、いんえん、はんおう」となります。これは連声（れんじょう）という音変化が起こったために生じたのです。連声とは、前の音節が後ろの音節に影響を与え、音が変化する現象を言います。日本語では今はあまり見られませんが、それでもよく注意して調べてみるといろいろ出てきます。

天皇（てんのう）　　安穏（あんのん）

三位（さんみ）　　　　　云々（うんぬん）
天王寺（てんのうじ）　　仁和寺（にんなじ）

ところが、韓国語ではこの連声という音の変化が常に、音の規則として起こります。

한 여 름（ハン　ヨルム　→　ハンニョルム ＜真夏＞）
집 안 일（チバン　イル　→　チバンニル ＜家事＞）

そのために、逆に日本語を勉強している韓国人留学生は次のような間違いをよくしてしまうのです。

恋愛（れんあい）　　　×　れんない
原因（げんいん）　　　×　げんにん
三千円（さんぜんえん）　×　さんぜんねん

「そのカバンいくら？」
「さんぜんねん」
「そんなにカバンが長く持つわけないでしょ。」
といった会話を先日も耳にしました。
私は、ときどき、（本当は「れんない」「げんにん」と言ったほうが発音しやすい。韓国式のほうがいいんじゃないかな）と思ってしまいます。
韓国語と日本語を比べてみると、いろいろなことに気づき、日本語への興味も増していきます。

読み方も意味も同じ言葉（例：無理)、同じ漢字で意味の違う言葉（例：遠慮）などがあります。

ここでは順番が入れ替わっている例をあげてみることにします。

婚約　→　約婚（ヤッコン）
同上　→　上同（サンドン）
良妻賢母→賢母良妻（ヒョンモヤンチョ）
白黒→黒白（フゥベゥ）

漢字だけの中国語、「ひらがな・カタカナ・漢字」と3つの文字を持つ日本語、ハングルと一部漢字を使っている韓国語、そして20世紀初頭までは漢字を使っていたベトナム。漢字文化の言葉をつないでいくと、思いがけない発見があるかもしれません。まずは漢字を手がかりにして韓国語に挑戦してみてはいかがでしょう。

韓国語と日本語は親戚同士

韓国語は、日本語とよく似た言語です。助詞もあるし、語順も同じです。英語は「S＋V＋O（主語＋述語＋目的語)」ですが、韓国語も日本語も「S＋O＋V」という語順になります。韓国語の単語を入れ替えれば、日本語になります。ですから、逆に言えば、日本語の文章の言葉をそのまま入れ替えれば、韓国語に生まれ変わるのです。

授業中、字を間違えた先生に対して、日本では「猿も木から落ちる」とはいいません。「弘法も筆の誤り」を使います。先生を猿にたとえることが失礼になるからなのですが、韓国にはこのような使い分けはありません。

チェガ	アルゴ	インヌン	サラムン
私が	知って	いる	人は
제가	알고	있는	사람은
ナゴヤエ	サルゴ	イッスムニダ	
名古屋に	住んで	います。	
나고야에	살고	있습니다 .	

韓国語には、日本語同様「関係代名詞」はありません。そして名詞の前に連体修飾語がきます。語順といい、関係代名詞がないことといい、韓国語は日本語によく似ています。ハングルで書かれているからわかりにくいのですが、その六割は漢字語であり、ハングルが読めれば理解できることが多いのです。

みなさんよくご存知の単語をあげてみましょう。

・アンニョンハセヨ(安寧でいてください)→こんにちは
・カㇺサハムニダ　(感謝します)　→ありがとう
・ムリハムニダ　(無理です)　→無理です

韓国語で質問文を作る時も、日本語同様「カ（까）」をつければ質問文になります。

・アンニョン　ハシムニカ（安寧でいらっしゃいますか）
　→こんにちは(アンニョンハセヨよりも丁寧な意味になる)

バンさんはいつも不思議に思っていました。先生がいつも自分のほうを向いて「みなさん」というからです。自分は「バン」で「みなさん」ではありません。だから、バンさんは、いつも自分の隣りに座っている女性は「みなさん」という名前だと思っていました。ところがある日、授業でペアを組んだ相手に「みなさん、今晩時間ありますか」と声をかけ、それに気づいたクラス全員が大笑いになり、やっと、「みなさん」の意味がわかったのでした。

日本語と韓国語はこんなに似ています。「いとこ同士」といってもいいでしょう。フランス語や中国語を勉強する五分の一程度の労力で習得できますから、ぜひ今日から勉強して字幕に頼らず韓国ドラマを鑑賞してはどうでしょうか。

韓国語が起源の日本の言葉

韓国語を学ぶ楽しみの一つに、韓国語にルーツを持つ日本語の発見、そして日本語にルーツを持つ韓国語の発見があります。学者によって諸説ありますが、韓国語と日本語がどれだけ似ているかがわかります。

▲奈良（나라＝ナラ）

韓国語で「ナラ」は、「国」という意味の固有語です。

▲百済（큰 나라＝クンナラ）

韓国語で「クンナラ」は「大きい国」という意味になります。六六三年白村江の戦いで破れた百済の人々は、日本にやって来ました。そして、百済を指して、「我らの大いなる国」という意味で「クンナラ」と呼んだと言われています。ちなみに韓国語では百済は「ペクチェ」と読みます。

▲チョンガー（총각＝総角）

チョンガーは韓国語では「チョンガック」と言い、未婚の男性を指します。日本語でも同じ意味で使われています。

▲ハナカラ（하나カラ）

「ハナ」は韓国語で「一」の固有語（ひとつ）のことで、日本語の「から」がついて、「最初から」という意味になります。

▲ワッショイ（왔어 ワッソ）

お祭りでお神輿を担ぐ時の掛け声「わっしょい、わっしょい」は、韓国語の「ワッソ」から来たと言われています。韓国語では、「来た、来た」という意味です。古代日本と朝鮮半島との交流をテーマにしたお祭り「四天王寺ワッソ」にも「ワッソ」という言葉が使われており、日韓の文化交流の深さが感じられます。

▲博多（ハカタ）（밝다　パクタ）

朝鮮半島から渡ってきた人々が、博多湾を見て「明るい港」と言ったことに始まります。

日本と韓国はお隣同士、プサンと対馬は、四十九・五キロしか離れていませんし、長い歴史の中でさまざまな交流もありました。

漢字は二八五年（応神天皇十六年）王仁博士によって伝えられ、「論語」「千字文」も、その時、朝鮮半島から日本にもたらされました。

今も韓流ブームに沸いていますが、その当時はまさに文化史を塗り替えるような韓流の大ブームだったことでしょう。仏教も百済の聖明王の使者によって五五二年にもたらされましたし、鎖国によって外国との行き来がほとんど絶たれてしまった江戸時代でさえ、朝鮮通信使による文化交流がありました。こんなにも近い関係にあった二つの国の言葉が、さまざまな面で類似点があるのは、自然なことだと思います。

韓国人の名前

「先生、私は『リク タイセイ』じゃありません。『ユクテソン』です！」

きつい調子で陸泰星さんに指摘された私は、はっとしました。もう二十年も前のことです。まだまだ韓国人留学生は少なく、私が韓国語読みできたのは、「李（イ）」「朴(パク)」「金（キム)」程度でした。しかし、一九九〇年代に入り、韓国では旅行の自由化が進み、韓国人学生が大幅に増加し始めました。そこで私は、彼らの名前を韓国語で正しく発音したいと考えました。

たとえば韓国の名前の「チョンさん」には三種類の「チョンさん」があります。

・全さん、田さん → 전
・千さん、天さん → 천
・鄭さん、丁さん → 정

日本式に読めばすべて「チョンさん」なのですが、韓国ではそれぞれ違った音になります。また、韓国語では「朴美愛」さんは「パク・ミエ」と読みますが、続けて読むと【パク・ミエ】→【パンミエ】と音が変わってしまいます。

まだまだあります。【パク・ヨンチョル】→【パギョンチョル】と、音変化が起こります。

チョッポ（族譜＝一族の系図）を大切にし、先祖代々伝わってきた名前を大切にしている韓国人は、赤ちゃんが生まれると、まず両親は回り字（トルリムチャ）を気にします。

トルリムチャとは、その一族の代を表す名前の一字のことで、この字を必ず入れて命名することになっています(最近、少しずつ状況は変わってきていますが)。

もう一つ、忘れてはならないことがあります。それは、日本と韓国の二十世紀の歴史です。一九四五年までの三十五年間の支配で日本が行なったことの一つに「創氏改名」があります。この「創氏改名」で、日本は、これほどまでに自分の名前を大切にしている韓国の人たちの名前を変えさせたのです。どれほどの痛み、苦しみがあったことでしょう。

「韓国語の中の日本語」に込められた歴史

私たち日本人が忘れてはならないことは、近代の歴史における日本と韓国との関係です。日本は一九一〇年から一九四五年の三十五年間、朝鮮半島を支配してきました。その間に、韓国語の中に、日本の言葉が入り込んでいったのです。とくに生活用品に多く、また工具関係にもたくさん及んでいます。

【すめきり←　爪切り】【わるばし←　割り箸】【バケス←バケツ】などなど。最近では日本語排斥運動によって、「たくあん」は「タンムジ（甘大根漬け）」というように言い換えられた言葉もあります。

もう十年近く前になりますが、ある韓国人学生は、日本語ルーツの韓国語についてこう語ってくれました。

「わたしは『つめきり』や『割り箸』など何気なく日頃使っている言葉が、実はそれが日本人によってもたらされた言葉だと知ったとたん、とてもいや～な気持ちになりました。それは日帝支配の時の名残りですから。私たち世代は関係なくても、両親やお祖父さんたちの時代はすごく苦しんだんですから、許せません」

歴史にはそれぞれの見方がありますが、支配された側の思いを理解することが大切です。そうすることで本当の日韓文化交流が始まり、今の日韓問題も民間の交流から支えることができる――、私にはそう思えてなりません。

こんなに違う韓国と日本の習慣・風習

「商談」と「笑談」

チョンさんは来日当時、日本にあまりよい感情を持っていませんでした。しかし、たくさんのことを日本や日本人から学んだと言います。その一つが「日本人の笑顔」です。この笑顔については、国際社会でいろいろ言われてきました。その代表が「ジャパニーズ・スマイルは気持ちが悪い。何を考えているのかわからない」というものです。

しかし、留学生は、それが心を癒し、コミュニケーションの潤滑油になっているという事実を私に教えてくれました。また、相づちが少ない欧米人に関するこんな例もあります。

ドイツ人のハンスさんは、最初は日本人の相づちと笑顔に戸惑いを覚えました。しかし、「あなたの話を聞いているよ」という相づちは、次第に心地よいものになってきたというのです。にこやかな笑顔についても同様でした。少々きついことを言われても、笑顔で話されると、なぜか受け入れてしまうというのです。

キムさんは、大災害で家が流されているシーンがテレビの画面に映し出されたのを見た時、「何もかも失ってしまって。家も記念の写真も。でも、家族はこうやって……」

と笑顔で答えている五十代の女性の姿を見て、自然をそのまま受入れる「自然と共存する日本人の姿」に感動したといいます。

日本に留学して、日本人からこうした心を学び、『商談』の仕方が『笑談』になったという留学生もいます。

どんな時にも笑顔を絶やさないことは、日本人が誇るべきことではないでしょうか。

食事の仕方・1 [箸の使い方]

食事の仕方でも日韓の違いを感じます。取り箸を使い、お箸をひっくり返すことは、日本人は当然の礼儀と思いますが、韓国人は「なんと水臭い！」と感じます。

反対に、日本人は鍋物を取り分ける時、オタマを使わない韓国人に違和感を覚えます。「自分が食べる時使っているスプーンで、みんなの器に汁を取り分けてあげるなんて、気持ちが悪い！」と言う人もいます。しかし、それが韓国の食事の文化なのです。

むしろ私は韓国人にこんなふうに注意されたことがあります。「どうしてオタマを使うんですか。みんな友だちじゃないですか！　みんなで一緒に食べてこそ美味しくなるんですよ。『世界はみんな友だち』でしょ！」と言われると、「なるほど、そうだよね」とも思ってしまいます。

お昼休みに輪になって、互いのお弁当のおかずを自由につつき合う韓国人留学生の姿に、最初は驚いた私ですが、今ではその仲睦まじさがうらやましく感じられます。

食事の仕方・2［食器の使い方］

日本人はお茶碗を手に持ってご飯を食べますが、韓国人はお茶碗を置いたまますくって食べます。日本ではお茶碗を手に持って食べることが行儀がよいとされています。しかし、反対に韓国では、お茶碗を持つのは行儀が悪いとされています。実は、そうしなければならない理由があるのです。それは、韓国の日常生活では金属の食器を使うことが多いことからきています。熱いご飯が入ったお茶碗など、とても持つことができません。韓国の人が、こういう食べ方をしていても、けっして「行儀が悪い！」などと思わないでください。

また、韓国の留学生に食事の最中話しかけると、手にしていた箸をさっとご飯に突っ立てて話し始める人をときどき見かけます。この習慣は、お墓や仏壇に供えるご飯にお箸をまっすぐに立てることから、日本では死を連想させ、忌み嫌われます。韓国でもこれは同じ習慣としてありますが、日本人ほどこれを無作法と考えることはないようです。

また同じように、忌み嫌う作法としては「箸渡し」があります。二人の人が箸と箸で食べ物をつまむことをいいますが、日本では火葬場でのお骨拾いと同じ行為であることから、けっしてしてはならないと言われています。

韓国でも同じ考えがあるのですが、日本ほど厳しくはないようです。

食事の仕方・3［行儀の悪い(?)猫まんま］

以前、学生たちと食事をしている時、カレーライスのカレーとライスを手際よく混ぜ合わせているのを見ました。食べる前にしっかりカレーとライスが混ざり合った状態で食べ始めるのです。どんな食べ方をしてもいいのですが、同席していた教師の中には気持ち悪いと思ったと人もいたようです。

日本人は一汁三菜という言葉もあるように、ご飯・汁物・おかず・漬物、それぞれ一つずつ食べていくのが一般的です。そんな日本人にとって、韓国式にカレーまで混ぜ合わせると、何か「土をこねているような感じ」がして、あまりいい印象はあたえないようです。

日本には、ご飯に味噌汁をかけて食べる人がいますが、それを「猫まんま」と呼びます。猫に残飯をやる時にこのようにすることから生まれた言葉です。もちろん最近はドッグフードやキャットフードの普及で残飯を与える家は少なくなりました。実は、この「猫まんま」は、日本ではとても行儀が悪いこととされてきました。

一方、韓国には「ビビンバ」のようによく混ぜて食べることが一般的だし、よく混ぜると、おいしくいただけるという食文化があります。どちらがよい悪いではありません。お互いをよく知って、尊重しながら交流していくことが大切だと思います。

ワリカンというおつきあい

韓国は一九九七年末、深刻な通貨危機にみまわれ、その経済危機をきっかけに、韓国人学生の考え方が変わってきたように思います。留学経験者が増え、異文化経験者が増えたことや、自国の経済環境を反省する機会にめぐまれたことが理由だと思います。

しかし、こうした時代を経たにも関わらず、韓国にはまだ『ワリカン（割り勘）』という考えがありません。支払いは、声をかけた人が払う、年上の人が払う、世話になった人が払うと、その時その時で誰かが代表して『払う人』になります。

日本人のワリカンをみて、韓国人は「何と味気ない、情がない交際法なんだろう！」と批判する韓国人もいます。

国が違えば、考え方も違います。他の国の文化は、新しいもの、新しい考え方、すばらしい発想が生まれてくる宝庫です。今では、韓国においても、留学経験のある若者たちを中心に、じわじわと「合理的なワリカン」が浸透してきているそうです。

次に会ったときのお礼

日本人は礼を大切にします。たとえば、家に招待されてご馳走になった時、プレゼントをもらった時、面倒をかけた時、そんな時は必ず次に会った時に、お礼を言うのが礼儀です。
「先日は、どうもありがとうございました」「この間はお世話になりました」それに、何かを頂いた後なら「頂いたお菓子、とてもおいしかったです」「あのカバン、便利に使っています」など、気持ちも添えてコミュニケーションをはかっていきます。
　しかし、韓国にはこのような習慣はありません。ご馳走になったならその場で、十分にお礼を言います。もちろん感謝の気持ちも忘れません。だから次に会った時、再度お礼を言う必要性を感じないのです。それどころか、またお礼を言うことによって「またご馳走してください。待っています」という気持ちを表わしていると取られかねないと考えてしまいます。
　ですから、逆に私たち日本人が韓国に行ってご馳走になった時、次に会ったときにお礼を言うのは「またご馳走してください」と取られかねませんので、適切な心配りをすることが大切です。

親しくなれば家族も同然

『親しき仲にも礼儀あり』が日本人の考え方です。どんなに仲よくなっても、おのずとここから先は立ち入らないのがルールといった暗黙の了解があります。当然、家に遊びに行って一言の断りもなしに、勝手に冷蔵庫を開けてビールを飲んだり、押入れを開けたり、電話を使用したり……もし、家に招いた友だちがそんなことをしたら、二度とその人は家には招かれないでしょう。

しかし、韓国人は違います。

親しくなれば誰もが『オンニ・オッパ（お兄さん・お姉さん）』なのです。「親しくなれば他人のものも自分のもの、自分のものもみんなのもの」、親しくなれば何でも共有しようという考え方なのです。図々しいわけでも、礼儀がないわけでもありません。ですから、冷蔵庫から勝手にビールも飲みますし、電話も勝手に使います。「一言断ってくれたらいいのに」と日本人は思うのですが、韓国人には何の悪気もありません。

日本でも田舎に行くと、まれにこのような光景に出会うことがあります。

しかし、現在の社会では、個人のプライバシーがまず何よりも優先されています。心の通った地域社会を復活させるには、こうした韓国の考え方を参考にしてみるのも一つの方法かもしれません。

『ケンチャナヨ精神』

韓国語の「ケンチャナヨ」は、「かまわない／大丈夫／平気／気にしない／問題ない」という意味の言葉です。日本語でよく言う「ま、いっか!!」という表現に近いニュアンスでしょうか。

韓国語を学ぶ日本人は好んで「ケンチャナヨ」「ケンチャナ（くだけた言い方)」を使います。こちらが失礼なことをして「ケンチャナヨ」と言われるとほっとしますが、逆にこちらが苦情を言っている時に「ケンチャナ」とかわされてしまうと、何だか拍子抜けしてしまうことがあります。しかし、それは韓国人の「ケンチャナヨ精神」から来ているだけではなく、言葉の持つ意味の広さが日本語と韓国語では違うからでもあります。「ま、いっか！」では言い表せないさまざまな意味が含まれているのです。

韓国は長い歴史の中で、さまざまな苦しい経験をへて、今日の韓国社会を築いてきました。「ムクゲ（木槿）のたくましさ」と、この「ケンチャナヨ精神」が、韓国人を支えてきたのだと私は思っています。

ムクゲはすばらしい勢いで大きくなります。そして、朝咲いた花の命はその日一日かぎりです。しかし、次から次へと開花していくために、夏の間花が絶えることがありません。韓国では、「無窮花（ムグンファ)」と書き、次々と新しい花を咲かせ続けるムグンファの生命力を愛し、国花となっています。

日本の国花は桜、あの美しい花を咲かせている時期の短さと、散り際のいさぎよさから日本の国花となっています。「ムグンファと桜、この二つの文化・国民性がブレンドしたらどんな味が出るんだろう？」と考えながら、留学生との出会いを愉しんでいます。

韓国 VS 日本——お隣り同士の国なのに

他人を受け入れるのが苦手な日本社会

日本の家屋には玄関があり、上がり口で靴を脱いで家に上がります。そこから「上がる」という言葉が生まれました。「どうぞお上がりください」という言葉の裏には、ソトの世界とウチの世界をきちんと分けるという日本人の考え方があります。

ところで、韓国では兄弟でない知り合いの人に対しても「お兄さん」「お姉さん」と呼ぶ習慣があります。女性の場合は「オッパ（兄）」「オンニ（姉）」を使い、男性は「ヒョン（兄）」「ヌナ（姉）」を使います。日本人は、兄弟や親戚に対しては「ウチ」の人間として特別な気持を抱きますが、韓国のように、知り合いの年上の人に対して、親しげに「お兄さん」「お姉さん」と呼ぶことはありません。

もう十年も前のことになります。海外のホテルのラウンジでお酒を飲んでいたとき、たまたま隣りのテーブルにいた韓国人が私に話しかけてきました。自己紹介のあと、その韓国人から次々に質問が飛んできました。「結婚していますか？」「ご主人は何をしている人？」「なぜ一緒に来ないの？」など……。

『親しき仲にも礼儀あり』という言葉もある日本では、このような個人的な質問を初対面の人にすることはまずありません。そんな日本人の姿勢が、時には韓国人にはよそよそしく映ることもあるようです。

どちらがよい悪いではありません。違いを知り、よい点は認め合っていくことで、もっと楽しい人付き合いが生まれます。もっとフランクに自分のことを話して親しくなれるとしたら、それは人生の大きな財産となるのではないでしょうか。

冷たい(?)日本人

韓国人は、感情をストレートに態度で表わすことがよくあります。シャイな日本人は、そんな態度に戸惑ってしまいます。しかし、その日本人の戸惑いが、時には韓国人に「冷たい日本人」ととられてしまうのです。

たとえば、韓国人は初対面の人やあまり親しくない人同士でも、固く握手をしたり抱き合ったりします。若者だけではなく大人同士でもよく手をつないで歩きます。そんな韓国人留学生に違和感を持つ日本人も少なくありません。

初めて友達と二人で韓国旅行をした時のことです。ホテルのオンドルバン（オンドルの設備の整った部屋）に用意されていたのは一組の布団だけでした。即座に布団を追加するよう頼んだのですが、フロントは不思議そうな顔をしていました。韓国では、女同士なら一組の布団で並んで寝たりしますし、帰省した中年男性が年老いた母親の胸に抱かれることもよくあります。でも、引き揚げ船が真鶴に入港した終戦間もないころならばともかく、今の日本では、まず見かけない光景ではないでしょうか。

この根底には、約六〇〇年も続いた李氏朝鮮王朝が国教と定めていた儒教の精神が流れています。前述したように、以前は日本にも親・年長者・師を敬い、人を思いやる精神がちゃんとありました。ただ、その表現方法が違っていたのです。今も脈々と続いている韓国人のこうしたこころを、現代日本人も少しは見習ってみてはいかがでしょうか。

態度で表す儒教の精神

韓国は儒教文化の国だといわれます。その証拠を日常の行動のあちこちで垣間見ることができます。たとえば、こんなことがありました。

日本語学校での授業の後のことでした。私はマレーシア人学生の質問に答えていました。わかりやすく図を書いて説明しようと思い、立っていた姿勢から彼の机の横にひざをつきました。それを見て韓国人学生のユクさんがいきなり怒鳴り始めたのです。

「おい！　何をしているんだよ。失礼じゃないか。先生がひざまづいて、君が椅子に座っているなんて！」

師を敬う気持ちの強い韓国人には、教師が学生のそばでひざまづいて教え、生徒が平然と椅子に座っているということが考えられない光景だったのです。

もちろん日本文化の中にも儒教からきているすばらしい習慣が数多く残っています。道ですれ違った人に肩がぶつかった時、「すみません」という一言が、日本人の口からこぼれます。これは儒教が社会にしっかりと浸透していた江戸時代の「江戸しぐさ」そのものです。「江戸しぐさ」とは、大切なものをみんなの共有物と考え、相手を尊重し思いやる心のことを言います。

しかし、面白いことに、日本よりも儒教精神が色濃く残っている韓国でも、「すみません」と言い合う習慣は、日本ほど強くないそうです。

日本に五年間の留学をして帰国したパクさんは、ソウルの街角で人とぶつかり、思わず「すみません」と口走ったそうです。それは、韓国語の「ミアナムニダ（ごめんなさい）」ではなく、日本語の「すみません」でした。

「日本で暮らしているうちに身についたものだったのですね」とパクさんは話していました。

「血のつながり」

同じ儒教の国でありながら、日本と韓国ではその儒教の根付き方が少し違っています。『氏より育ち』といわれる日本では、昔から血縁関係がなくても養子縁組が行われ、新しく親子関係が成立しました。しかし韓国では血縁関係が重んじられ、男子が誕生しなくても、血縁関係がない養子縁組は行われませんでした。このあたりに、日韓の血縁への思いの違いが感じられます。

たとえば、地方から出てきて東京の大学に行っている弟が、急に出張で上京してきた兄の宿泊先を訪ねないことを、「なんて冷たい弟なんだ」と韓国人は思います。逆に日本人からしてみれば、大事な大学受験を目前に親の還暦祝いだからと一時帰国するという留学生を見て、「何もそこまでしなくても……」と思ってしまいます。

親兄弟を思いやる精神は、国の違いに関係なく見習いたいものです。ただ、「兄に大学に行け」と言われたからと、親や長兄の意見で人生を決めてしまう韓国人学生を目の前にすると、やっぱり考え込んでしまいます（今は、そんなケースも少なくなってきましたが……)。

水に流す日本、流さない韓国

西暦六〇四年に成立したといわれる十七条憲法の第一条で「和を以って貴しと為す」と聖徳太子が唱えたように、日本では古来から和の精神を重んじ、人々との間で事を荒立てないようにしてきました。こうした精神的な風土は、農作業に由来するところが大きいと言われています。

稲作は共同作業で、とくに水の供給は同じ川から分配しなくてはなりません。その村で水の供給をする係りの人が病気になれば、他の村人はその人の分まで作業をすることになります。いつか自分が病気になれば、代わりに誰かにお願いすることがあるかもしれないからです。ですから、村長（むらおさ）は、村が共同体であることをなによりも優先し、困ったことがあれば、丸く納める、つまり「水に流す」精神を育てていったのです。それが日本という風土の特長でした。

しかし、韓国は同じ農耕民族でも、この「水に流す」という考え方はありません。むしろ逆です。遠慮なく意見を述べ合います。意見を戦わせ、お互いが納得するまで引くことがありません。

喧嘩にまで発展しそうな勢いですが、腹の底まで見せ合って納得すればそれでおしまいです。

「水に流さず」とことん議論をすることで信頼関係を強めていくのです。

なるほどそのほうがすっきりするかも知れませんが、日本人はちょっと引いてしまいます。

ある生徒がこんなことを言いました。

「日本人って仲よし同士でもそれぞれの箱に入って、ニコニコと顔だけ出して付き合っているような感じです。心の中まで見せてくれないのが寂しいんですよ」

もし、親しくなりたいと思った韓国人に出会い、見解の相違が生まれたら、思う存分意見を交わしてみましょう。どんなにきつい言い合いをしても、きっと前よりももっと深い信頼関係が築けることでしょう。

韓国には師に感謝し、尊敬の念を表すために「先生の日」が制定されています。毎年五月十五日がその日です。生徒が花や贈り物、手紙などをプレゼントします。寄せ書きを贈ることもあります。ちなみに、日本の行事である五月八日の「母の日」は、韓国では「両親の日」となっています。やはりカーネーションを贈ることが多く、五月の花屋さんはとても忙しいようです。

日本人はなぜ説明しないの？

いろいろなことが契機となって、アジアの各地で日本への批判が高まることがあります。そういう時は、親日家というだけで非難されてしまうと、留学生は話してくれました。

それでも、日本が好きになった留学生は、日本のことを折に触れ、説明しようと努力してくれています。根拠のない日本への悪口に「ほんと、むかついた！」と、日本人のために憤慨してくれる留学生もいます。

もう何年も前になりますが、韓国から来たある留学生はこう語ってくれました。

「先生、私は日本が嫌いでした。だからこそ『日本語』を勉強し始めました。相手を知るには言葉を勉強するのがいちばんだからです。でも、今では日本が好きになりました。だから、『日本人はまったく…』と何でもかんでも日本に反発するヤツがいると、頭にきて、『何言ってるんだ！』って怒るんですよ。それでも、日本人の若い人は何も説明しようとしません。韓国人の僕が一生懸命説明しているのに……」

もう一人の留学生は、ディスカッションの時間にこう発言しました。

「『教科書問題』だって、もっと説明すればいいと思います。どうして日本人はちゃんと説明しないんですか。私は、

韓国語で、お父さん・お母さん・先生はなんというでしょう。「先生の日」や「両親の日」に送る言葉で見てみましょう。
アボジ、オモニ、サランヘヨ。ハンサン、コンガンハセヨ。
（お父さん、お母さん、愛しています。いつまでも、健康でいてください）
ソンセンニム、カルチョジュセヨ。
（先生、教えてください）

夏休みに国に帰った時、大勢の友だちに『教科書問題』について聞かれました。でも、私が日本の実情やいろんな考え方を説明したら、みんなわかってくれました。こういう努力をなぜ日本人はしないんですか」

留学生たちのこのような小さな努力が国際親善に大きく寄与してくれている事実を私たちは忘れてはならないでしょう。私たち自身の一人ひとりが、アジアの人たちに対し、納得してもらえるようにきちんと説明をしていきたいものです。

使えるものまで捨てる日本人

パキスタンのモハメドさんは、「日本の社会は豊かすぎるんですよ。だからガッツがなくなるんです。たとえ金持ちでも、子どもに自分の授業料ぐらい出させたらどうですか。自分の生活費ぐらい稼がせたらどうですか。そうしたら、ニートはいなくなりますよ」と言います。耳が痛い話です。たしかに日本ではニートは社会問題となっていて、親と同居していて働かなくても生きていける若者に多いと言われています。

物が豊かになり、日本人は簡単に物を捨てるようになりました。以前、留学生達はゴミを捨てる日には、何か便利な物はないかと探し、まだまだ使える食器、食器棚、椅子、雑誌……いろいろな物を再利用しようと持ち帰ったものでした。

大雪が降った後のことでした。韓国人のユンさんは、人々が集まってスコップで雪かきをしている光景を見てびっくりしました。韓国では大雪が降ると、雪の上に塩化カルシウムをまいて溶かしてしまいます。また、一度凍ってしまった道は、その上に砂を振りまきます。ところが日本人は近所が力を合わせて、凍った道の氷を割っていきます。道を行く人が滑らないようにと、寒い中、雪かきをする姿に韓国人のユンさんは感動したそうです。

しかし、ゴミ・粗大ゴミの持ち帰りが条例で禁止されると、こんな光景はなくなりました。そして、ゴミ置き場には、相変わらず、「新品同様の物」や「まだまだ使える物」が山のように捨てられています。留学生は、そういった光景を目にし、日本の消費文化にあきれ返っています。

世の中が不景気になると、少しは消費ブームにブレーキがかかります。リサイクル運動も年々盛んになってきてはいるものの、まだまだ留学生の目には「物を大切にしない日本人」と映っているようです。

日本人の「和」の秘密

ある時、青森にねぶた祭りを見にいった韓国人ビジネスマンがこう言いました。

「今回の旅行で、いろんなことを感じました。日本のお祭りに日本の経済発展の原点があったんですね」

彼は、半年間は日本語学校で日本語を学び、そのあと半年間は日本研究員として、日本全国を自分で計画を立てて調査して回るというのが、会社からあたえられた一年間のスケジュールでした。四月に日本語学校に入学し、夏休みには、東北全県と北海道を旅して歩いたそうです。

青森の「ねぶた祭り」も弘前の「ねぷた祭り」も見物し、個性豊かなお祭りに感動したといいます。派手に飛び跳ねるエネルギッシュな「ねぶた」と、ねぷたを曳きながら練り歩く「ねぷた」という個性の違う二つのお祭りですが、

〈留学生へのアンケートから〉
質問「国へ帰ったとき、国の人が日本人の悪口を言っていたらどうしますか？」
1．きちんと説明します。
2．聞いてから、それが正しい情報かどうか調べます。もし誤った情報だったら、正しい情報を知らせます。それが私たちの役目です。
3．個人的なことについての悪口だったら別に何も思いません。それが変な先入観だったりしたら、「日本人のみんながそうじゃない」といいます。
4．一応「あ、そんな面もあるよ」と言います（自分もそう考えるから）。その後で「でも、それにはこんな訳があるんだよ」と説明します。
5．非難が怖いから、消極的な態度をとります。
一番多い回答は1でした。

そこに共通する、「和の精神」が、日本人に脈々と流れていることを強く感じたと彼は言います。

「とても韓国では考えられません。祭りをみんなで一緒に作りあげ、協力しておみこしを担いで練り歩くなんて……」

多くの韓国人学生は人に使われるのではなく、自分自身で何かをやりたいと考えます。初級授業で「将来何になりたいですか？」と聞くと、多くの留学生が「社長」と答えます。一人ではどうにもならない、共同作業でつくり上げていく祭りなどは、想像しにくいものなのでしょうか――？

韓国人が心配する日本人のマナー

留学生が戸惑うことは、日常の生活の中にたくさんあります。その一つにマナーがあります。留学生の目には統一性のない日本人の行動、マナーの悪さは考えられないほどの驚きとして映ります。

たとえば、電車の中で若者がお年寄りに席を譲らないのは、韓国人留学生にとって不思議でなりません。目上の人を敬う儒教精神が根付いている彼らには、まったく理解できない行為なのです。また、足を広げて携帯電話で話をしている人に腹立たしさを覚えると言われると、同じ日本人として恥ずかしくなってきます。そして、そのことについて注意をする人もいません。留学生の彼女も危ないので何も言わない。韓国では考えられないことですが、日本ではそうしてしまう自分が悲しいと話してくれました。

駅で転んでも無視する人ばかりです。彼女は横断歩道で転んで、持っていた荷物がバラバラに散らばってしまったことがありました。大急ぎで拾い集めて渡ったけれど、周りの日本人はみんな知らんぷりだったと言います。

それでいながら、道に迷ってうろうろしていると必ず声をかけてくれるのも日本人、だとも言います。自分が行く方向とは反対方向でも親切に連れて行ってくれることもよく体験するそうです。ですから、日本人は礼儀知らずなのか、それとも本当は優しい人たちなのか、彼女は大いに悩んだと言います。

……でも、礼儀正しい日本人

韓国人留学生は国に帰ると、日本人は礼儀正しいなと思うと言います。それは、食堂でお塩などを取りたいとき「ちょっとすみません」と一言声をかけたり、後ろや前を通るときでも「後ろ失礼します」「前を失礼します」と、断るからです。韓国では日本ほど丁寧に断ったりはしません。彼らは、日本留学後は気をつけるようになったと話してくれました。

しかし、そんな礼儀正しい日本人でも、いったん「レストランの従業員とお客さん」という立場になると態度ががらっと変わってしまうと、留学生は訴えます。

たとえば、ウエイトレスのアルバイトをしていたＡさんは、お客の日本人の横柄さに驚きました。店員の自分をまるで「あんたは従業員なんだから、おとなしく言うことききけ！」と心の中で言っているように扱われたからです。もちろん、賢いAさんはすべての日本人がそうだと思っているわけではありません。もし来日して、初めて会った日本人がこのよう人だった、日本人のイメージはどんなものになってしまうでしょう。

「留日反日・留米親米」って？

中国人留学生の間で「留日反日・留米親米」という言葉が語り継がれています。これは「日本に留学した留学生は、日本が嫌いになって帰国する。一方、アメリカに留学した人は、アメリカが好きになって中国に戻る」という意味です。数年前、上海出身のチョウさんにこの言葉を教えてもらいました。

一九八三年に「留学生十万人計画」が発表されてから、日本は留学生が大幅に増加し始めました。文部省（現文部科学省）学術国際局が出した「二十一世紀の留学生政策（二〇〇〇年）を見ると、計画達成に向けて次の三つの基本理念があがっています。

①大学の質的充実のための構造改革
②世界に開かれた留学生制度の構築
③官民一体となった留学生支援

しかし残念ながら、現実には質・量ともに留学生支援はまだまだ貧しい状況です。自分達の力で留学生活を送っていく留学生は大きなリスクを負って（時には大きな借金を抱えて）日本にやって来ます。「憧れの日本留学」を果たした「未来からの大使」に、せめて快適な日本での生活が送れるように、民間人である私たちのほうから手を差し伸べたいものです。

もちろん日本を理解し、日本を好きになって帰って行く留学生も大勢います。そんな留学生たちには必ずと言っていいほど素敵な日本人との出会いがあります。留学生たちに「留日親日！」といってもらえるような魅力ある国に出来るか否か、鍵を握っているのは私たち日本人一人ひとりではないでしょうか――。

留学ミニコラム ★★★★★★★★★★★★★★★★★★★★★★★★★★★★★

7 日本への入り口は日本語学校

留学する人たちの学習目的はさまざまですが、日本留学を通して自分の夢を実現したいという思いは、共通しています。日本語を学んだ後は、大学や専門学校に進学する人、帰国して就職する人、日本社会で経験を積むために日本での就職にチャレンジする人もいます。留学生たちは、それぞれの夢を実現するために、まずは日本語学校で日本語学習を始めます。

大学や専門学校で学ぶ留学生ではなく、その前段階にある日本語学校で学ぶ留学生の姿は、あまりよく知られていません。そして、この日本語学校までの道のりも決して容易なものではありません。

日本語学校に入学するためには、入国管理局（以下、「入管」と略称）の書類審査が必要です。たとえば、四月に入学を希望する場合、夏ごろから願書配布が始まり、その後入学希望者（または代理人）はさまざまな書類を日本語学校に提出します。日本語学校はその書類を取りまとめ、十一月末に入管に提出し、その結果が、翌年二月末に日本語学校宛に報告されるという仕組みです。留学生は入学時期のずっと前から考え、悩み、準備をして入管の結果を待っているのです。ある意味では一年がかりの留学準備とも

★★★★★★★★★★★★★★★★★★★★★★★★★★★★★★★★★★★★★★

言えます。提出書類は、国・地域によって異なる上に、入管の方針によって時々変更が行われているのが現状です。

中国からの留学希望者が日本語学校に提出しなければならない書類の一部を書き出してみましょう。

△履歴書　　△入学願書　　△卒業証書(原本確認後返却)
△戸口簿写し
△日本語能力検定試験四級以上の日本語能力を有することを証明する資料
△経費支弁書　△支弁者と申請人との関係を立証する資料
△預金残高証明書　　△預金通帳写し等

さらに、多くの日本語学校では担当者が中国に飛び、日本語力・基礎科目（英語・数学など）に関する筆記試験および面接試験が実施されます。そこでは、日本語力・学習目的・学習意欲と同様、経費支弁能力が大きく問われます。どんなにやる気があっても、ほとんど蓄えのない状態での来日はできません。心ならずも仕事目的の留学生生活に流れてしまうことになりかねないからです。そこで、日本語学校担当者が厳しいチェックをし、さらに入管で出された書類をもとに入念な審査を行います。そうしてやっと留学希望者に入学資格が与えられるのです。

★★★★★★★★★★★★★★★★★★★★★★★★★★★★★★★★★★

今お話ししたのは勉強のために来日する就学ビザ／留学ビザを取得する場合についての説明です。日本語学校にはこういったビザだけではなく、ビジネスビザ、家族滞在ビザ、あるいは三ヵ月の短期ビザで来日し、日本語を学んでいる人もいます。最近は、ワーキングホリデービザ（注1）での来日も急増しています。

注１　現在ワーキングホリデービザが出るのは、オーストラリア、カナダ、ニュージーランド、イギリス、フランス、ドイツ、韓国です。最長十二ヵ月滞在可能。年齢制限として、イギリスは十八～二十五歳、そのほかの国は三十歳までしか取得することができません。
※二〇〇七年一月よりアイルランドが加わりました。

留学手続きの流れ
留学希望者
ビザ申請
ビザ交付
在外大使館
相談
ビザ申請案内
エージェント
学校の紹介
書類作成支援
出願
日本語学校
在留資格認定証明書
入学案内送付
日本語学校
在留資格認定証明書
交付申請
在留資格認定証明書交付
書類審査
入国管理局

留学ミニコラム★★★★★★★★★★★★★★★★★★★★★★★★★★★★★★

2 留学生に行われるテスト

留学生のための日本語試験としては、総合的な日本語力を測定する「日本語能力試験」と進学者のための「日本留学試験」があります。

大学進学の際、日本の大学生にはセンター試験が課せられますが、留学生には二〇〇二年から始まった「日本留学試験」が課せられます（すべての大学ではありません）。限られた期間（最長二年）で日本語を学び、その上総合科目（公民・地理・歴史）、理科（生物・化学・物理）、数学などの勉強もしなければなりません（文系か理系かによって受験科目は違ってきます）。受ける大学によっては英語の勉強も必要です。日本語の勉強をしながら、かつて母国で学んだ英語、理科、数学なども、もう一度勉強し直さなければなりません。

こうして毎年、日本語学校で学ぶ留学生の約七割が大学・大学院・専門学校などへと進学しています。

（財）日本語教育振興協会が認可した日本語学校で学ぶ留学生たちは、一日四時間以上の授業を月曜日から金曜日まで週二十時間以上受けることを義務づけられています。もちろん中には一日五時間あるいは六時間の授業を実施している日本語学校もあります。

★★★★★★★★★★★★★★★★★★★★★★★★★★★★★★★★★★★★

留学生の進学率は？

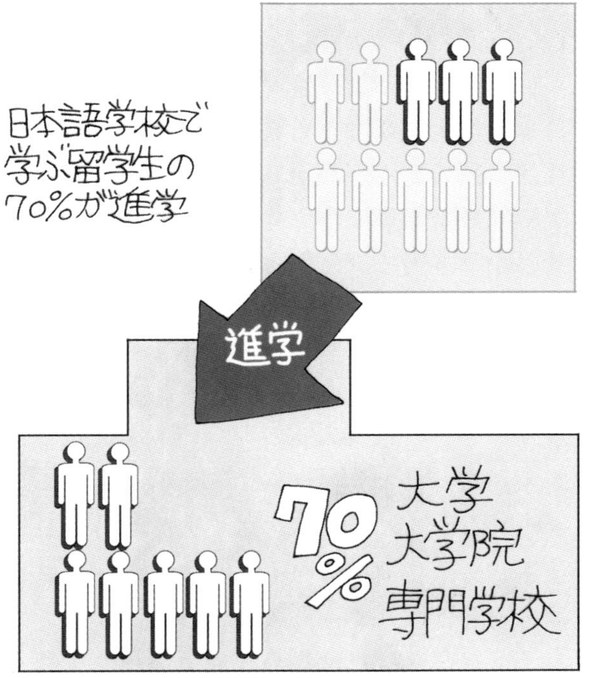

留学ミニコラム ★★★★★★★★★★★★★★★★★★★★★★★★★★★★★★★★★

3 どれくらいお金がかかるの？

当然、日本で暮らすには日本の物価でお金が必要になります。日本の学生も地方から東京の大学に入り、一人暮らしをすれば多額の費用がかかりますが、留学生たちの母国と日本とでは貨幣価値が全く異なります。アジアからの留学生は月収が日本円で五万円という国、いや一万円という国から来ている留学生も大勢います。

実際日本語学校への入学には、一年コースで選考料・入学金・授業料・その他の費用の合計金額が平均七十二万円必要になります。二年コースだと一二九万円が平均額になっていますから、日本人にとってもけっして安いものではありません。もちろん、日本の多くの学生と同じように親からの仕送りや来日前の貯金もありますが、なにしろ日本の物価は母国とは大きく違うので、日本語学校で学びながらアルバイトをしなければならない留学生も少なくありません。

日本語教育振興協会の調査結果によると、アルバイトをしている人は76.8％（平成十七年度日本語教育機関学生生活実態調査より）。もちろん中には、「日本語の勉強になるから」「日本人と一緒に働きたいから」という理由でアルバイトをしている人もいます。しかし、多くの留学生が、

★★★★★★★★★★★★★★★★★★★★★★★★★★★★★★★★★★★★★★★

進学する際の学費のため、勉強の合間をぬって仕事をしています。

しかし、留学生のアルバイト時間は就学ビザの学生は一日四時間と決められています。また、アルバイトを始める前には「資格外活動許可書」を取得しなければなりません(一九九〇年六月に改定された「出入国管理及び難民認定法」によって定めらました)。

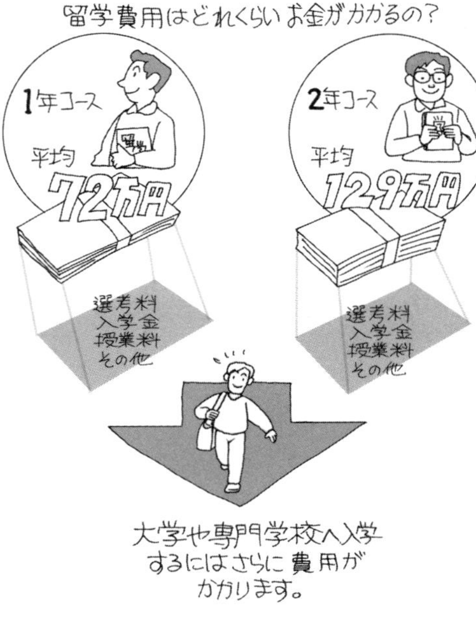

PART 2

頑張ってます！　留学生たち

留学生とご近所づきあい

地域の中の日本語学校

大きな夢を抱えて、来日した留学生たちがまず日本語を覚えるために通うのが日本語学校です。（財）日本語教育振興協会が日本語教育機関として認定している機関は全国で四〇六機関あります。（平成十七年度調べ）

その中の一校、東京の中野に、私が勤務するイーストウエスト日本語学校があります。

近くに、「城山ふれあいの家」という地域館があり、「さくら館」という名前で親しまれています。この「さくら館」は、乳幼児からお年寄りまで、地域の人々が集い、楽しい時間を過ごすことができる［高齢者会館と児童館の融合施設］です。

実はここでは留学生に関係したさまざまなイベントが行われています。日本語学校の中での授業だけではなく、教室外での日本人との交流をできるだけ多く提供したいと考えているからです。

たとえば、クリスマスには、留学生がサンタクロースになって小さいお子さんがいるお宅にプレゼントを配って歩きます。チョンさんとイムさんも「さくら館・ボランティアサンタクロース」に応募しました。サンタクロースに変身した留学生が、プレゼントを持って日本の家庭を訪問してまわり、子どもたちの歓声を聞きながらプレゼントを渡す留学生たちも、それはとても嬉しそうでした。

留学生たちの、こうした地域との交流は、日本の子どもたちにとって、「世界にはいろんな人たちがいて、さまざまな社会があり、それぞれの文化の中で暮らしている」ことを知るいい機会にもなります。「みんな違って、みんなよい」という体験こそが、真の国際人を作る基盤になるのではないでしょうか。

交流授業で知る「日本のお年寄り」の魅力

「さくら館」には、お年寄りが集まって童謡を楽しむ「童謡の会」があります。毎月二回、白根洋子さんが講師となって、懐かしい歌を歌い、共に語らい、仲間との触れ合いを大切にしているおばあちゃま方の集いです。現在のメンバーは、十五人、七十歳から八十八歳まで、皆さん元気に通って来られます。

さくら館で
お年寄りと。

イーストウエスト日本語学校では、毎年、何回かこの「童謡の会」に参加しています。日本語学校の中級教科書に「お年寄り公社」のことが載っていますが、その課を学んだ後、留学生たちはおばあちゃま方と二時間を過ごすのです。

まず日本の歌を一緒に歌い、それから日本の伝統的な遊び〈かごめかごめ、とおりゃんせ、あやとり、げんこつ山の狸〉などを愉しみます。

留学生たちは、楽しそうにおばぁちゃま方と手を合わせ、目を合わせながら、遊びます。それが終わると、今度は、おばぁちゃま方はちょっぴり外国語を学びます。留学生が用意してきたプリントを片手に、中国語、韓国語、そしてイタリア語と、留学生の母国語を中心に書かれた歌を歌います。その後は、ペアで座ってお茶とケーキでおしゃべりを楽しみます。

「私ねえ、実は、六十年以上前に台湾で別れた恋人がいるの。探してもらえないかしら。台湾大学を出たお医者さんなんだけど」

「わかりました。台湾に帰ったら、必ず捜しますよ」

いったいどうやって捜すというのでしょう？　そのおばぁちゃまのあまりに真剣なまなざしに、台湾から来た留学生も思わず首をたてに振ってしまったのでしょう。

こうして「日本のおばあちゃま」と「世界各国の孫たち」とのティータイムが、和やかなムードで続きます。そして一週間後、おばあちゃまたちから届いたお礼の手紙を見る留学生の表情を見るたび、私は、遠い故国を離れて留学している若者たちと、日本の人たちとの交流に感動を覚えます。

小中学生が教えた味噌汁の味

小中学校で総合学習が取り入れられるようになって、日本語学校との交流も増えてきました。中野の小中学校は日本語学校と互いの授業を体験したり見学したりと、学校交流を行っています。交流の形式はさまざまですが、小学生も留学生も十分に事前学習をしたのちに、交流授業に入ります。

ある時、こんな活動がありました。留学生たちに「味噌汁の作り方を教えたい」と、小学六年生が自分たちでレシピを作り、家庭科室でおいしい味噌汁・おかずを作り、ご飯を炊いて待っていてくれたのです。

もちろん楽しい食事の後は「世界の食材・各国料理・食事の仕方……」など、それぞれの文化に触れ、発見と驚き

遠足で箱根へ。

で話題は尽きませんでした。その他にも、留学生が国の遊びを紹介したりなどして、小学生は文化の違いに興味津々でした。メンコ一つとっても形も違えば、遊び方も違うのですから——。

留学生たちは、「地域社会の一員として、お互いの気持・文化を伝え合いたい。意見を交換し合いたい」という思いを抱いて暮らしています。私は、日本語学校の教師として、彼らの希望がひとつでも多く叶うことを願ってやみません。

ひな人形と留学生

二月も終わりに近づくと、日本語学校ではひな人形を飾ります。私たちの学校には、すばらしい七段飾りのひな人形があります。これは当校自慢のひな飾りです。実は、このひな飾りは、ご近所の方から頂いたものです。

「さくら館」で大正琴を教えているご近所の伊東さんが、数年前、すてきな申し出をしてくださいました。

「先生、うちにひな飾りがあるんですよ。よかったら学校で飾っていただけませんか。うちは孫も男の子だし、お宅の学校にあったら、多勢の留学生、世界中の人に見てもらえて、ひな人形も幸せですから……」

実は、私はそれまで何度となく古道具屋を見て回りましたが、学校で飾りつけるのにふさわしいひな人形を見つけることはできませんでした。かといって新品を買うだけの余裕もありません。伊東さんの言葉は涙が出るほど有難いことでした。

留学生たちは授業で、日本の行事について勉強します。地域の方々のご厚意で、さまざまな日本文化を体験させていただいています。やがて、そこから近所付き合いが始まり、挨拶を交し合う仲になっていきます。伊東さんからいただいた立派なひな人形は、留学生たちがご近所の方々に愛されていることの象徴と言えるでしょう。

外国人による犯罪が多発している昨今、身近に見知らぬ外国人がいることは、それだけで不安になってしまう日本人の方もいます。学校の隣りにある焼肉屋「七輪亭」のマスターに、こんなことを言われたことがあります。

「最近外国人による事件が多いでしょ。だから、『近所に外国人の学校があるけど、あそこは大丈夫ですか』って聞く人がいたから、『あそこは、みんな真面目で熱心に日本語勉強している人ばっかりだよ』って言ってやりましたよ」

ご近所の方のこういう温かい目、理解はなんとも有難いことです。たとえ外国人でも、どんな人なのか、何をして

公開授業で……。
写真は筆者。

いる人かがわかっていれば、むやみに恐れることはないはずです。コミュニケーションの大切さは、今や日本人同士だけではなく、外国人との間でも同じなのではないでしょうか。

「謡（うたい）」が伝える日本の心

私が勤務するイーストウエスト日本語学校のご近所にお住まいになっている武田志房先生は、毎年、ご自宅の「修能館」に、留学生たちを招待してくださり、武田志房先生、そしてご子息たち、書生さんによって温かい「留学生のための能鑑賞会」を催してくださいます。

これは、ただ単に能を鑑賞するだけではありません。お能の歴史から始まり、さまざまな面（おもて）や扇を見ながらの説明があります。留学生たちが歓声をあげるのは、舞台に広げられた数々の美しい能装束です。もう何百年も前から伝わったものもあれば、数十年前の装束までさまざまです。年月を経てみごとに落ち着いた色に変化した装束に、伝統のすばらしさを堪能した後、次は「羽衣」の舞を見せていただきます。それも装束をつけるところから見せていただけるのです。

髪を結い、紐で結び、時間をかけてゆっくりと三人がかりで「羽衣」を舞う人を作りあげていきます。それを留学生は、幸せなことに、観客席で一部始終見ることができるのです。何と幸せなことでしょう！　その後、いよいよ天女の舞が始まります。天女は羽衣をまとい、天界の様子を語り、三保の松原の美しさを讃え、舞を舞いながら、空へ空へと上がっていきます。

そして、八十人以上の留学生と日本語学校の教師が一緒になって「謡のお稽古」が始まります。

高砂や
この浦船に帆を上げて
この浦船に帆を上げて
月諸共に出汐の
波の淡路の島影や
遠く鳴尾の沖過ぎて
早や住吉に着きにけり
早や住吉に着きにけり

ある留学生は、これを覚えて国の結婚式でやってみたいと言っていました。日本人でもここまで日本文化を体験したことがある人は少ないのではないでしょうか。留学生た

「高砂」練習風景。

ちの日本文化の学習は、日本人にとっても自国文化を理解し、体験する機会につながると思います。

ハングルに魅せられた小学生

総合学習に国際理解教育が入ったことから、いくつかの小学校と交流授業を実施してきました。そして、私は、小学生が留学生たちの話す言葉に驚き、習慣の違いにはっとさせられる現場を何度となく見てきました。まだ、精神も柔軟な小さい時にこそ、こういった異文化体験をすること、頭で考える前に、感覚で「違いを感じる」ことはとても大切なことではないでしょうか。

外観は日本人とほとんど変わらない韓国人、同じアジアの国、しかもお隣りの国で、こんなにも似ていて、なのに、こんなにも違うのか、ということを知ることはとても重要です。似ているようで違うこと、その違いに気づくためには異文化接触が一番です。ある小学校との交流授業が終わって帰る時のことでした。

「先生、ボク『さよなら』の挨拶、覚えたよ。聞いて聞いて。アンニョンヒ　カセヨ、金貸せよ。アンニョンヒ　ケセヨ、電気消せよ。ハハハ！」

小学生たちはもっともっと韓国語を勉強したいと言っていました。判じ物のようなハングルの形に驚き、自分の名前をハングルで書きたいと留学生にせがむ小学生たちもいました。興味を持つには、まず環境づくりが大切です。小さな一歩にすぎませんが、私たち日本語学校も地域のお役にたてることを願って止みません。

中学生たちの一日記者

ご近所の中野第二中学校から「一日記者」として五人の中学生がやってきました。まず日本語学校事情の説明を受けてから、次は授業見学です。その後は、ビジター・セッションになり、留学生に自分の中学校を紹介していきます。これは中学校における総合学習の一コマとして行われたものです。

留学生は、日本の中学校の様子、活発なクラブ活動に興味津々です。次は、留学生が日本語学校を紹介します。そして今度は、グループを作り、テーマを決めてディスカッションが始まります。

中学生たちは、たった一年で流暢に日本語を話す留学生にびっくりです。また、日本のことを質問され、答えられない自分を反省しています。留学生たちの言葉に関心を示

日本人大学生とフットサル。

し、次々に質問が飛び交います。

留学生は、この活動についてクラスで話し合いをし、レポートを書いて終了ですが、中学生にはまだまだ課題が残っています。学校に戻って、それぞれの活動について報告をします。そして、一人ひとり記者になったつもりで、新聞を作るのです。

一週間後、日本語学校にはすばらしい新聞が五紙届きました。

落語で学ぶ日本語の言い回し

私たちの日本語学校では、毎年落語の授業もしています。落語家に来てもらい、落語の歴史から始まって、言葉遊びの面白さ、さらには和服についても話をしてもらいます。そして小噺（こばなし）に続いて、落語を二席。生の落語を聞いたことがなかったという教師も多く、留学生にとっても教師にとっても楽しい時間となります。

落語は一人の人が、複数の登場人物を演じながら、話を進めていくわけですが、落語の話し言葉の間（ま）、メリハリ、言葉の使い方、どれをとっても感心することばかりです。日本語を勉強中の留学生たちも、小噺（こばなし）や落語によって、日本語の言葉の面白さを再認識するようです。

▲おい、隣りの空き地に囲いができたってよ。

へーーー。

▲鳩がなんか落っことしたよ。

ふ～ん。

そのうち、自分たちで小噺を作り始める留学生たちもいますし、友達と同じタイミングで笑えない悔しさから、もっと日本語を勉強しようという刺激にもなるようです。

生の落語を聞くことは、毎日日本語を話している日本人の私たちにも言葉の面白さを認識するいい機会になります。

春の校外学習の日のことでした。ＮＨＫの見学が終わって、ぶらぶら歩いていると幾つもの屋台が目に入りました。その時です。

「先生、たこやき怖いよ！　たこやき怖いよ！」

と一人の留学生が叫びました。折りしも世の中は、サーズのことで大騒ぎしていました。衛生上のことを言っているのかと一瞬思いましたが、そうではありませんでした。

（そうか、先週聞いた落語『饅頭こわい』のことだな）

というわけで、全員にたこやきをご馳走することになり、またまた落語談義に花が咲きました。

留学生に人気の落語鑑賞。

「ホームステイ」は家族の一員扱いで

毎年夏休みと冬休みに、静岡県焼津の国際交流団体「黒潮」が、日本語学校に通う留学生のホームステイを受け入れてくれます。人気が高いため、くじを引いて参加者を決定していますが、幸運にもくじに当たった学生たちは、期待に胸をふくらませ、東京駅を出発して行きます。

青春切符を利用して各駅停車で熱海に向かい、そこで乗り換え、焼津に到着します。歓迎会の会場では、ホストファミリーのお母さんたちによる歓迎フラダンス（会員の親睦のため、毎月集まって練習をしているそうです）に始まり、挨拶、そしていよいよホストファミリーと緊張気味の留学生の組み合わせが決まります。でも、留学生たちは、ホストファミリーのアットホームな出迎えに、すっかり安心しきってそれぞれの家庭に散っていきます。

それからの四日間は、家族の一員として日本の家庭で過ごします。一緒に買い物に行き、料理を作り、共にお祭りを楽しみます。

ホームステイを成功させるコツは、留学生をお客さん扱いしないことです。そして、そのことを、双方がきちんと認識してからスタートすることです。

「もっと家族的な触れ合いがほしいと思って行ったのに、まるでお客さん扱い。日本人は冷たいね」

せっかく気を遣って家事などさせないようにしていたのに、留学生にこう感想を述べられたのではたまりません。

また、反対に、
「私のファミリーはひどいです。布団を敷かせたり、料理作らせたり……」
せっかく娘として楽しく過ごしてもらおうという姿勢で接したのに、こき使ったと文句を言われてはたまりません。これは留学生側の理解が足りなかったことが原因です。一緒に暮らし、触れ合うことが、理解し合える最良の道だと思いますが、そこには事前の配慮、ルールの確認が重要です。
国も年齢も違えば、思考スタイルも人によってさまざまです。しかし、十分に説明をすれば、誤解を避けることができます。お互いの小さな努力がホームステイ成功の秘訣です。

留学生たちのふるさと「焼津」

焼津ホームステイの素晴らしさは、「一度ちょっとホームステイを体験してみよう」というのではなく、「もう一

焼津の海岸で。

つの家族」を求めて留学生たちが参加しているという点にあります。
「黒潮」会長の松永康雄さんはこう言います。
「うちらのホームステイの誇りは、リピーターが多いこと。みんな家族だもん。何度でも来てくれる。ふらっとね。この間は、ひろし（韓国・男性）が嫁さん連れて、新婚旅行で来てくれた。何が何でも新婚旅行は日本にしたい。日本の家族に会わせたいって、嫁さん連れて来たよ。嬉しいねえ」
留学生たちは「日本に実家ができた」と大喜びです。ホストファミリーの方々を「日本のおばあちゃん」「日本のお父さん」と呼んで、付き合いを続けていきます。母の日になればカーネーションを贈り、クリスマスにはカードを送ります。辛いことがあると、電話をしたり、ちょっと焼津まで訪ねていったりしています。
私が卒業生の消息を知りたい時は、焼津の人たちに問い合わせることがよくあります。学校の教師とは疎遠になっている学生も、「日本の実家」とは緊密に連絡を取っているケースが多々あるからです。
「あ、ソウさんねえ。結婚して二人子どもができたよ。こないだ、電話かけてきたっきよ（来たんだよ）」
「パクさんねえ。うちらがソウルに行くっていうたら、カンジュウ（光州）からわざわざ出てきてくれたっきよ。元気で働いてったよ」
また、こんなケースもあります。

　ある日、焼津に住む「日本のお父さん」がカンさんのところに電話をかけました。以前、カンさんが一緒にホームステイしたタイの留学生タナさんが手術を受けたので、「日本のお父さん」はお見舞いのために東京に出てきたのです。病院の帰りに「韓国人の息子」であるカンさんに、連絡をしたのです。

「家族なんだから一緒に心配しよう。早くよくなるようにお祈りしよう」

　日本のお母さんたちからも電話がきたり、おいしい静岡みかんが届いたりと、温かい交流が続きます。

　イムさんは、お母さんが編んだふわふわのマフラーを手にし、感激しています。みんなすでに一つの家族なのです。

「黒潮」で事務局長をしている池田隆之さんから、ある時、こんなお手紙が届きました。

「『照千一隅此則国実』という経文を引き合いに出せるような大層なことをしているとは思っていません。でも、四国遍路のお接待のような気持ちでホームステイを続けています。学生生活を送る留学生に、私にはできなかった夢を

「羽衣の舞」を鑑賞。

実現してもらうための、ただのおせっかい、大きなお世話をしています」

留学生はホストファミリーの宝もの

焼津に住む松永裕代さんは、幼稚園で仕事をしながら、もう十数年ホストファミリーを引き受けてくださっています。貴重なお盆休みも、その年の新たなホームステイ参加者だけではなく、次々とリピーターが訪れ、家の中にいったい何人いるのかわからないくらいの有様だそうです。

去年、韓国のキムさんから「第二子誕生」の知らせをもらった彼女は、マレーシアに四人、韓国に八人、日本に一人と、なんと十三人の孫たちのおばあさんです。そして、もうすぐ台湾で十四人目の孫が生まれる予定です。

どんなに忙しくて大変でも、こうした新しい子どもとの出会い、結婚、出産、すべてが自分のこととして感じられる幸せがホストファミリーを支えているのだろうと、私は思います。

韓国に帰国したパクさんは、日本出張のつど、たとえ数時間でも松永家に立ち寄るそうです。東京にある日本語学校には滅多に顔を出さないのに、とうらやましくなります。「日本の家族と一緒に飲みたい。一緒におしゃべりしたい」ただ、それだけの理由で、新幹線に乗って東京から焼津まで出かけていくのです。「焼津までとは、すごいわねえ。出張中で忙しいのに」と言ったらパクさんに怒られました。「当たり前でしょ。自分の家なんだから！」
　松永裕代さんは言います。
「子どもたちは各自の事情を抱え生活しています。その事情をすべて私たち家族が手助けすることはできません。でも、いつも温かな家で待っていることだったらできます。子どもたちが帰ってくる家族であり続けることはできます。温かな気持ちで子どもたちを迎えられるように努力しようといつも思って暮らしています」
　このような温かい家族ができた留学生たちは、なんと幸せなことでしょう！　辛い時、苦しい時、日本のお母さんのひと言でどんなに癒されることだろうと思います。
　ホストファミリーの原崎孝さんもまた、こう語ってくれました。
「子どもたちから力をもらっているのは、むしろホストのほう。留学生の前向きな姿勢、目的に向かってがんばっている姿が、自分のエネルギーになるんだよね。普段ただ働くだけで、忘れかけている自分の姿を思い出させてくれる。留学生ってすごいなあ」

風の会主催の
春のピクニック。

留学生って本当にすごい、とホストファミリーは口をそろえて言います。目的に向かって生きる留学生のエネルギーに触れ、元気をもらっていることに感謝していらっしゃるようです。

ボランティア日本人との草の根外交

毎週火曜日のお昼ごろ、日本人ボランティアが学校に集まってきます。イーストウエスト日本語学校では、火曜日には十二時〜三時半まで、ボランティアによる日本語サロン「風の会」が開かれるからです。

多くの留学生が「もっと日本人と話したい」「自分が習った日本語を使って、日本人と会話がしたい」と異口同音に訴えます。日本語学校の授業では、できるだけ会話の時間を増やし、自然な会話が学べるよう工夫していますが、どんなに授業で自然な会話ができる場面や文脈を設定しようとも、日常生活の中で実際に使う日本語使用とは比べようもありません。そんな中で日本語サロンは、留学生にとって宝ものの一つです。

「風の会」はコアメンバーのほかに、教育実習に来た大学生や、近所の方がふらっと寄ってくださることもあります。事前の出欠確認も、特別な準備も必要ありません。まさに風のごとく現れ、風のごとく去っていく会です。「人の付き合いは、そもそも自由なもの。風のように気の向くままにやりましょう」というのが「風の会」の基本的な姿勢です。

「風の会」では、毎週の日本語サロンに加え、ときどき、特別イベントを行います。二〇〇五年十二月には、みんなで熱海旅行に出かけました。一度日本の温泉に行きたいという留学生の希望を聞き、「風の会」のメンバーが一泊旅行を企画してくれたのでした。

初めて着る浴衣姿にＶサインを送る韓国人留学生もいれば、すっかり温泉のとりこになってしまったロシア人留学生もいます。ロシア人のエルデニさんは、専門学校でトラベルを専攻し、日本人観光客誘致に頑張ると張り切っていました。

また、時には、メンバーのお宅にお邪魔し、お茶を飲みながらご家族との楽しい会話の時間もあります。

これこそ本当の草の根外交ではないでしょうか。身構えず、気負わず、そしてお互いを尊重する気持ちを大切にし、さまざまな人たちが語らっている姿に、本当の国際化への道が見えると思うのは私だけでしょうか。

浴衣姿で
七夕に参加。

「おしゃべりパートナー」大募集！

「風の会」を始める何年も前から、「おしゃべりパートナー」という制度も始まっていました。これは世の中でいう「チューター制度（家庭教師）」を意味します。パートナー希望の日本人が現れると、留学生に参加者を募ります。少しでも話し相手がほしい留学生が大勢応募してきます。そして、めでたくペアが誕生するというわけです。ここでチューターと呼ばないのは、日本語を教えるという感覚ではなく、留学生に寄り添う、共に歩むという姿勢で活動してほしいと思っているからです。

活動はペアによってさまざまですが、教室を使って週一、二回おしゃべりを楽しむというのが最も一般的な活動です。時には、浅草や原宿を散策したり、一緒に映画を見に行ったりもします。泊りがけで、京都に旅行に出かけたペアもありました。

キムさんは、パートナーの恭子さんに連れられて、恭子さんの実家のある長野まで遊びに行きました。その時のことです。キムさんが東京に帰る時、おじいさんは、国で心配しているだろうキムさんの両親にあてて手紙を書いてくださり、おばあさんはおこづかいが入っている手紙を渡してくださったそうです。

また、こんなペアもありました。パートナーは和裁の先生で、「できれば縫い物が好きな留学生」という希望が出されました。そこでチェさんという韓国人学生が選ばれ、教室で、毎週、浴衣作りが始まりました。わかりやすく書いた説明書を見ながら、チェさんは一生懸命縫いあげました。ソウルに帰ったチェさんは、夏ともなれば、きっと、得意な顔でこの浴衣を着ていることでしょう。

あなたにもできる「デイ・ビジット」

ホームステイを受け入れるのは、受け入れ側の日本人にとっても貴重な体験になります。しかし、実際にはどの家庭もそれが可能とは限りません。病人を抱えていたり、受験生がいたり、また共働きで二人そろって帰りが遅いなど、家庭によって事情はさまざまだからです。

そこでお勧めしたいのが、デイ・ビジットです。日本人は「お客さんを呼ぶには、掃除をして、料理も用意して……」などとついつい身構えてしまいます。そうではなく、「風の会」のように自然体で国際交流に関わってみてはどうでしょう？　ほんのちょっと留学生をお茶に誘ってみるのです。

焼津でホームステイ。

ティータイムの数時間、一緒に過ごし、いろいろなことを語りあった思い出は、国に帰った後までもずっと留学生の心にも残っていることでしょう。

どうやって留学生に声をかければいいのか、と戸惑われる方もいらっしゃるかもしれません。そんな時は、お近くの区役所・市役所にお出かけください。国際交流協会のパンフレットを渡してくれます。または、お近くの日本語学校でも、たくさんの留学生が笑顔で出会いを待っています。

留学生の多くが「日本人に会いたい病」にかかっています。日本家庭でのざっくばらんな語らいは、どんなに留学生の心を和ませ、日本理解につながっていくことでしょう。

デイ・ビジットから帰ってきた留学生は、いろいろな感想を話してくれます。「日本人って、男性もよく家事をするんですね」「どうしてあんな狭い所にいっぱい家具を置いてるんですか。キャンプみたい」「立派な子ども部屋があるけど、お父さんの部屋はないんですね」など。留学生にとってはとても新鮮で、一つひとつ驚きになっていきますが、感想を言われた日本人のほうも、意外な指摘にびっくりさせられることが多いはずです。

イベントでどんどん広がるネットワーク

ホームステイもデイ・ビジットも我が家にはとても無理、という方もいらっしゃいます。そんな方には、交流イベントをお勧めします。実は、今、日本のあちこちで多種多様な国際交流に関するイベントが行われています。しかし、その情報がうまく交流参加希望者に届いていないのが現状です。「どこに、どうやってアクセスすれば、活動に参加できるのか」、それがわからずちゅうちょしている方もいらっしゃるようです。

一つの方法は、前述したように、最寄りの区役所・市役所に行き、国際交流協会のパンフレットを見ていただくことです。また、地域交流館にいけば、イベントのお知らせが載っていますし、大学の国際交流センターに足を運ぶのも一つの方法です。

大学には留学生会があります。留学生が多い大学では、韓国留学生会、中国留学生会と、留学生会の中でさらに分科会的に活動を行っている大学もあります。

「自分はどういう国際交流をしたいのか」ということを明確にしてから、まずは、動いてみましょう。「犬も歩けば棒にあたる」ということわざがありますが、これには正反対の二つの解釈があります。本来は「出しゃばっていろいろすると、トラブルが起きるから気をつけろ」という意味

校外学習で
バーベキュー。

です。

しかし、この頃は「動き回れば思いもかけないよいことに出くわすこともある」という意味で使われることが多くなりました。ここは一つ後者の意味で、どんどん積極的に動き回ってみてはどうでしょうか。

よい人脈に当たると、そこからどんどん雪だるま式にネットワークが広がっていきます。その人脈から、多様な交流イベントにもぶつかります。私たち日本人一人ひとりが留学生と真剣に向き合い、共に歩み、考え続けることで、すばらしい草の根外交が広がっていくはずです。

留学生を感動させたある写真家との出会い

イーストウエスト日本語学校の授業の中で、小林尚礼さん（カメラマン）を題材にして、総合学習を始めました。一九九一年、チベットの梅里雪山の遭難で十七人の人が亡くなるという大惨事があり、小林さんは三人の友人を失いました。当時、京都大学山岳部に所属する大学生だった彼は、事故以来ずっと遺体の捜索活動を続けています。

遭難してから数年後には勤めていた会社も辞め、写真家に転進しました。「今追い求めたいものは何か」という自分自身への問いかけの中から、友達の捜索をしながら山の表情を撮り続けることが、自分の思いを表現する道だと決心したのです。

学生たちはまず小林さんが出演したＮＨＫの『おはよう

日本』を見て、生き方や環境問題についてディスカッションをしました。次にホームページを検索して、『梅里雪山――十七人の友を探して』をみんなで読みました。そして講演会の日を迎えました。

「なぜ安定した生活を捨てて、遺体捜索に関わるのか」
「いくら夢を追い求めるといっても、それで生活が成り立つのか」

さまざまな留学生たちの質問に、小林さんは真剣に答えてくれました。

講演が終わると、その生き方に感動した留学生たちは彼に手紙を書き始めました。留学生にとってすばらしい出会いだったに違いありません。こんな出会いが、日本と外国との大きな架け橋への第一歩となり、世界へ広がっていくのでしょう。

「風の会」や「おしゃべりパートナー」のほかにも、日本人ボランティアによる活動はいろいろな形で展開しています。大学生のサークルによるイベントも盛んです。中には留学生といっしょに作り上げる交流活動もあり、留学生た

和やかな
授業風景。

ちと土曜日などに集まり、ワイワイとおしゃべりしながら企画を練っています。
「風の会」のメンバーである中山千代美さんは、交流活動についてこう言います。
「国際交流というと、何か特別のことのように思われますが、一つひとつの出会いを大切にすることに尽きると思います。私という人間に出会ってもらい、いろんな話をし、いろんなことを感じてもらえばいいのです。ほんの一部分かもしれませんが、彼らの将来に影響を与えることがきっとあると信じています。私の将来に対しても同様です」
　しかし、熱心に交流活動をすればするほど、「中国人はこうだ」「日本人はこうだ」というステレオタイプな見方に陥ってしまいがちです。何人かと会っただけで、「韓国人って○○なのよね」というよりも、一人ひとりに違う個性を発見してみてはどうでしょう。
　日本に来ている韓国人はある意味特別だとも言えます。四千七百万人の韓国人のごく一部にしかすぎません。しかも、海外に一人で留学をしようという人たちです。その何人かと触れ合っただけで、「韓国人とは……」と決め付けず、もっと広い視野で交流するように心がけたいと思います。

留学生との出会いが生んだ新たな挑戦

　多くの日本語学校では大学とさまざまな交流授業をしています。私の勤務するイーストウエスト日本語学校でも、十数校の大学と交流授業を実施しています。留学生たちは、自分たちと年齢の近い大学生との会話をとても楽しみにしています。この出会いで、日本人の若者観が変わった留学生もいるほどです。

進学をあきらめ、帰国を考えていたシムさんは、日本の学生の姿を見て考えを変えました。

「自分の特技と趣味をちゃんと持っていて、自信満々の顔を見て、私も大学受験をがんばっていきたいと心から思いました。私に新しい自信を持たせてくれた大学生に感謝します」

そんな大学生の一人、熊谷麻祐子さんは、留学生と触れ合った半年間で自分自身が大きく変わったと言います。そして、彼女は就職までの一ヵ月、海外へ留学をしようと思い立ったのです。留学生との出会いが彼女にどのような影響をあたえたかは、そのときのレポートに記されています。

――夢の実現のために歩む留学生の姿を見て、私は「自分はこのままでいいの？」と思うようになりました。自分自身への挑戦をおろそかにしていると思ったのです。（中略）留学生と話をすることで、お互いを理解しあえること、そしてその話の中から新たな世界や自分を発見できること、「ことば」の面白さを感じたからです。

そこで、今度は自分自身が海外へ出て、もっと多くの人と話しをし、理解しあいたい、という思いが芽生えてきました。また、日本をひとつの国として再認識し、外から見つめる必要性も感じ決意しました。
自分が知らない世界は、数え切れないほどたくさんあります。今の生活に満足してしまえば、そこまでが自分の世界です。その世界を探すか探さないか、挑戦するかしないかは自分次第です。そして、新しい挑戦は、自分自身への挑戦です。私は、そのような挑戦の中で人は成長していくのだと思います。それを教えてくれたのは、留学生でした。

留学生たちが日本に来る理由はさまざまです。中にはこんな生徒もいました。
「日本は好きではありませんでした。ただ、日本に勝ちたい！　勝つためにはまず相手の国を知らなければならない。そう思って日本語を専攻したのです」
これが韓国のキムさんの留学動機です。ところが一年経った頃には、
「日本にいる時はいろいろ日本に反発していました。だけど不思議ですが、韓国に戻ると、反対に日本のことを何のかのと騒ぎ立てる人を見ると『何言ってるんだよ。よく知りもしないくせに』って、いつも日本をかばう姿勢になるんです」
と言ってくれました。
これぞまさにりっぱな「民間大使」ではないでしょうか。国と国との相互理解は政治家だけの仕事ではありません。むしろ、こうした一人ひとりの実体験こそが大きな力となっていくのではないでしょうか。

留学ミニコラム★★★★★★★★★★★★★★★★★★★★★★★★★★★★★★

4 どこに住んでいるの？

日本の家賃の高さは有名です。その上、敷金、礼金、前払いとして一ヵ月の家賃、仲介料があり、それぞれ一ヵ月ずつ要求されるとなると、入居時には家賃の四ヵ月分を準備しなければなりません。入居時に家賃以外の経費「敷金・礼金等」平均支払い金額は92,582円（平均家賃額は35,703円）となっています。留学生の多くは二人部屋、三人部屋に入居し、共同生活を送っています。日本語教育振興協会の平成十七年度の調査では、次のような結果となっています。

【住居の種類】

民間アパート・マンション等	60.0％
日本語学校の寄宿舎・寮	23.3％
友人・知人宅	7.4％

金銭的な問題とさらに保証人の問題もあります。一般に保証人としては、「日本人」または「日本で働いている外国人」という条件がつけられます。日本語学校の多くが、学校で「機関保証」をしていますが、それをしてもらえない場合には、外国人にとって家を借りることはとてもむず

かしくなってしまいます。

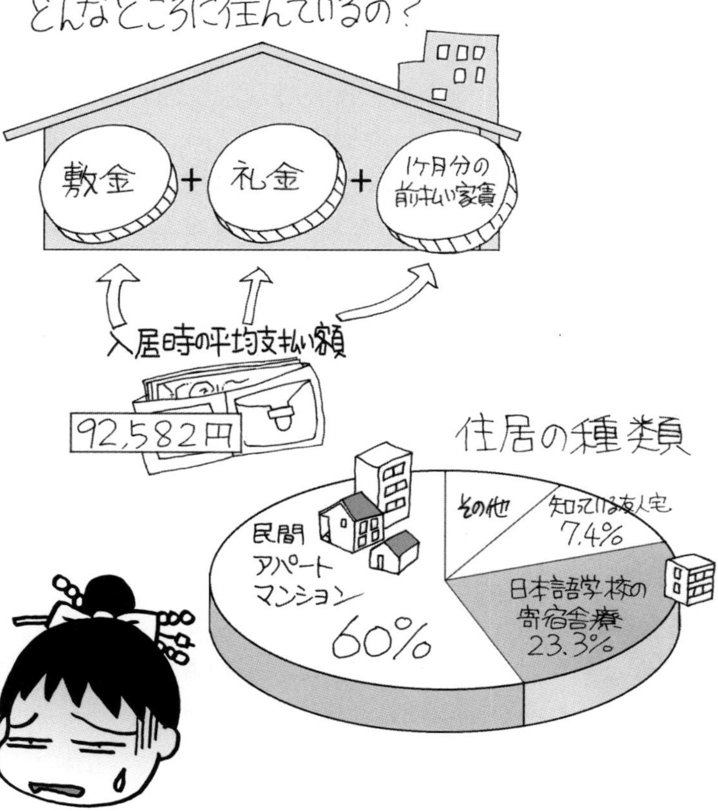

留学ミニコラム★★★★★★★★★★★★★★★★★★★★★★★★★★★★

5 なぜ日本に留学するの？

留学生は、日本語もうまく話せない辛さ、将来に対する不安を抱えながらも日本にやってきます。文化摩擦に苦しみ、自信喪失に陥り、孤独と戦いながら日本で自己実現を果たそうとまっしぐらに突き進みます。なぜ、日本なのでしょう？

その理由は大きく分けて、二つあります。一つは母国で急激な進出を続ける日系企業への就職、そしてもう一つが日本での就職です。もちろん就職を希望する留学生の多くが、「いずれは自分自身の会社を起こしたい」という夢を持っています。そのためには、日本の進んだ技術や会社経営法を学び、日本や母国で活躍したいと日本に留学してきますが、アジアのそれぞれの国によって、その留学事情は少しずつ異なるようです。

◎大連のチンさんの場合◎

中国では、よりよい仕事を求めて若者たちが大都市に集まって来ています。日系企業の進出がめざましい大連では、東北地方の各地から来た若者の多くが、日本語を学び、日本留学を目指してがんばっています。

★★★★★★★★★★★★★★★★★★★★★★★★★★★★★★★★★★★★

◎タイのソンシーさんの場合◎

タイのバンコクから一時間ほど南下したシーラーチャ近くには日本の工場が群をなして建っています。

「サワディーカ（こんにちは）」

「マイペンライ（大丈夫）」

タイ語と日本語を使い、日本企業で働くことが夢だと、プラチャーさんは話してくれました。

◎台湾のカさん場合◎

台湾のカさんは台北でオートバイ専門店を経営する夢を持って、日本にやって来ました。

「台湾のオートバイ産業はまだまだ駄目ですよ。あの250ccの日本製バイクに初めて乗った時の感覚、あのスピード、あのバランス、今でも忘れられません。二十一世紀の台湾のオートバイ産業は間違いなく発展しますよ。その時、『日本で学んだ僕』がそこにいたいんです」

◎バングラデシュのミルダさんの場合◎

「ちゃんと比べてみたら、困っている人たちを一番助けているのは日本でした。津波の時もそうでした。ホントです。

★★

だから日本へ一度留学したいと思って来ました。ここで専門技術を学んで自分の国、バングラデシュに役立てます」

◎スリランカのチャトランガさんの場合◎

スリランカで一瞬「ここは日本？」と思うことがあります。実は、バスの中には胴体に「いわきスイミングスクール」「清風荘」などと日本語で書かれているものがあります。それは、日本でつい最近まで使われていたバス、自動車がスリランカ社会で再利用されているからです。そんな自動車を見ながら、日本の専門学校で車の整備を勉強して、コロンボで自動車会社を作りたいという夢が芽生えました。

◎ネパールのプスパさんの場合◎

日本でホテル経営を学び、自分の国にたくさんの日本人観光客を呼ぶという夢を持っていましたが、日本という風土の違いに適応できず両親の勧めもあって、進学はせずにネパールに帰りました。

◎韓国のソンさんの場合◎

韓国人のソンさんは、日本の漫画に魅せられて日本にや

★★

ってきました。彼女は、日本で漫画家のアシスタントをしながら、漫画を勉強し日本の有名な漫画家M氏と結婚し、幸せに日本で暮らしています。

◎韓国のキムさんの場合◎

お菓子の専門学校へ行きたいキムさんは「日本のケーキはほんとにおいしい。日本の技術を国に持って帰って、洋菓子屋を開くつもりです」

留学ミニコラム★★★★★★★★★★★★★★★★★★★★★★★★★★★★★★★

6 未来からの大使——留学生

世界のいろいろな国・地域から、日本の大学や高等教育機関で、日本語や日本文化、そして日本事情を学ぶために多くの留学生がやってきます。その数は平成十七年121,812人と過去最高の数字となりました。日本と母国との橋渡しの役割を夢見ている人も少なくありません。

法務省のパンフレット（第三次出入国管理基本計画二〇〇五年三月）には、『留学生、就学生は、我が国と諸外国との相互理解を一層増進させ、友好関係を深化させる役割を担うことが期待されていることから、「未来からの大使」とも言われる』と書かれています。

その「未来からの大使」が日本留学の入り口として最初に通うのが日本語学校です（もちろん直接入試で大学・大学院などに入るケースもありますが、まだまだ多くはありません)。そして、日本語学校で学ぶ留学生の九割以上が「アジアからの留学生」です。電車で隣りの席に座っていた人、たった今道ですれ違った人、ファーストフードやコンビニエンスストアの前に並んでいた人たちが、もしかしたら、その大使なのかもしれません。

しかし、同じアジアの人間でありながら、言葉を発しなければその存在もわからないのが現実です。ちょっと気を

★★

付けて見てください。「未来からの大使」が今、あなたの一言を待っているかも知れません。

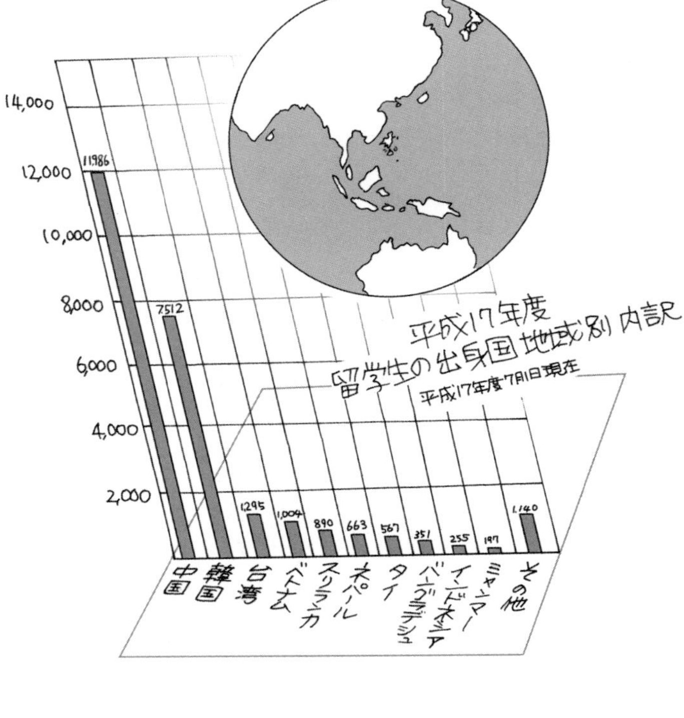

PART 3

留学——その後

誰の前にもチャンスはある

■会社経営に燃える韓国青年

「将来、韓国に劇場を作りたいんです。いつでも、誰でも楽しめるような場所を確保したい。演劇は小さい時から私の夢でした」

現在、ＧＯＳＥＩグループの社長を務める裵五星（ペ・オソン）さんは、日本語学校卒業後、日本大学芸術学部で演劇を専攻しました。卒業後は、韓国に帰って放送局で働きながら演劇を続けるつもりでしたが、そのまま日本に残りビジネスマンとして大活躍しています。

日本語学校在学中からアルバイトを通して多くのことを学び、日本社会に築いたネットワークで、ついには会社を設立して日本で成功を収めることになったのです。

日本語学校時代、彼がまず始めたのは屋台の果物屋でした。授業が終わると新宿界隈を重い屋台を引いて回りました。

「いらっしゃいませ。お土産に果物はいかがですか。新鮮な果物はいかがですか」

ある日、台風で傘もさせないほどの暴風雨の中、屋台を引いていた彼に、

「君はこんな大雨でも商売やっているのか。そこにある物、

全部くれ！」

たまたま通りかかった常連客のＭさんが、ポンと数万円分の果物を買ってくれました。その五十歳前後のＭさんは、空になった荷車を前に微笑むぺさんに言いました。

「君を見ていると、自分の若いころのことを思い出すんだ。今の日本の若者には、こんな一生懸命な姿、もうなかなか見出せないんだよなぁ」

その後いろいろな商売を経験したのち、彼はアルコール販売の世界に入りました。

「迅速な配達・いつでもＯＫの配達・相談できる配達」という旗印を掲げて商売を始めました。しかし、同じような業者は山ほどいます。そこで自分にしかできないサービスはないかと考え、ただ単に、品物を安く仕入れて店に売るだけではない「顔が見える商売」をスタートさせました。

彼は、取引先の居酒屋の「御用聞き」を始めたのです。おつまみがなくて困っている、果物がない、野菜もない、花が枯れそうだから、新しいのが欲しい。得意先の「頼みごと」はさまざまでしたが、どんな時も、どんな「頼みごと」でも快く引き受けました。手が足りなければ、店の掃除も手伝い、模様替えにも力を貸しました。

そしてついに「深夜配達ＯＫ」をうたい文句に、酒類販売会社『五星物産』を立ち上げるまでに到ったのです。そのときのビジネスパートナーが、屋台時代の常連客Ｍさんでした。

実は、ぺさんは授業料を稼ぐために屋台で果物を売っていたのではありません。屋台を引きながら、日本社会を理解し、日本人との触れ合いを求めていたのです。彼の行動が新宿界隈で注目されたのはいうまでもありません。この積極的なハングリー精神こそが彼を成功者へと導いた大きな要因でしょう。

ぺさんは言います。

「いろいろな外国人と接すると、いろいろな発想・新しい計画が湧き出てきます。なのに、日本の人は受け身です。相手が来るのをじっと待っています。今はそういう時代じゃありません。もっと積極的に勇気を出して行動したら——」

現在、ＧＯＳＥＩグループは、四つの会社を持っています。さらに日本社会の中に「韓国留学生のための会社」「劇場」、韓国で遅れている「社会福祉関係の会社」を作り、そこから韓国文化を日本に発信し、同時に韓国に日本文化を発信していきたいと言っています。ぺさんにとって日本社会はすばらしい勉強の場でもあるのです。

■香港青年の演劇人生

香港理工大学で産業デザインを専攻したのち、バンダイ（香港）に就職したアンソンさんは、次第に「今の自分の人生は、なんだかちょっと違う」と考え始めました。その時、彼の心に浮かんだのが日本留学でした。

小さい時から日本の人気漫画「ドラエもん」や「ドクタースランプ」とともに育ったアンソンさんは、

「そうだ。『ドラエもん』の国に行ってみよう。日本にはきっと夢がある」

そう信じて日本にやってきたと言います。

しかし、日本語学校卒業後、東京芸術大学大学院で「美術解剖学」を学びたいという希望は、非情にも不合格という結果で終わりました。

「香港に帰るしか道はない」と憔悴しきって現れたアンソンさんに、私は「日本大学芸術学部の科目履修生」になることを勧めました。香港の大学で演劇部に所属していたアンソンさんは、数ヵ月前、日本のテレビのバラエティ番組「SMAP × SMAP」に四回出演していました。香取慎吾さんと共演した経験が、彼に「日本人と何かを創り上げることの面白さ」を教えてくれたようでした。

アンソンさんは私の勧めを受けて日大芸術学部の科目履修生となり、そして、そこで受けた「演技論」の授業がアンソンさんの人生を変えました。

アンソンさんは、翌年憧れの日本大学の演劇科に正式に入学しました。しかし、そこですぐに「日本語の壁」にぶち当たりました。どうしてもネイティブ並みの発音ができないのです。でも、彼は負けませんでした。多くの仲間の励ましを支えに練習を重ね、大学一年生から毎年芝居に出演しました。

すっかり演劇に魅せられたアンソンさんでしたが、大学卒業後は香港に帰ろうと決めていました。それは、日本の演劇界への失望感が理由でした。

「役者になる夢は変わらない。でも、日本の芝居は自分の理想とは違う」

卒業半年前、アンソンさんは日芸初めてのオリジナル卒業制作「ニセモノとミセモノ」というお芝居に出ていました。アンソンさんが主役を演じる三人芝居でした。ところが、このお芝居がきっかけで「東京演劇集団・風」のインターンシップ制度に参加することになり、大学卒業後、社員になったのでした。

アンソンさんは、日本社会、そして自分の目で見た世界を、演劇を通して批判していきたいと言います。批判とは、あれこれ欠点を指摘することでなく、さまざまな角度から検討し、本来あるべき姿を論じることです。アンソンさんのように外国人の目で日本社会を見つめ、意見を言ってもらうことは、日本社会にとって大きなプラスになります。

アンソンさんは、こうも言います。

「自分の居場所にいるだけでは駄目ですよね。どんどん出ていかないと。出会いを求めて、自分を前に出していくといいですよね。人と出会えば、人間が変わる。人間が変われば、人生が変わります。僕がそうでした」

■「テニスと信仰」のミャンマー青年

ミャンマーの元留学生エルラデさんは、母国のジュニアチャンピオンにまでなったテニスプレーヤーです。ところが、彼はある事情でミャンマー代表からはずされ、試合に出ることができなくなりました。でも、ひたすら一人で練習を続けていました。その姿がミャンマーを訪れた永田武さんという日本人の目に留まったのです。

永田さんは「君は本当にテニスが好きなんだね。何かあったら連絡して」とエルラデさんに名刺を渡しました。

しばらくたって、エルラデさんは永田さんに一通の手紙を書きました。

「どうしてもテニスを続けたいんです。是非チャンスをください。お願いします！」

永田さんは、テニスに夢中で自らを「テニス馬鹿」といっていた大学時代を思い出し、

「エルラデに日本で思う存分テニスをさせてあげたい。あの才能を伸ばしてあげたい」

という父親のような気持ちでエルラデさんを日本に呼び寄せることにしたのです。

日本に着いたらすぐにテニスをしたい、テニスの仕事をしたい、と思ったエルラデさんですが、目の前には大きな言葉の壁がありました。まず日本語を勉強し、それから大学入試に挑戦しようということになりました。

非漢字圏から来た彼には、日本語の勉強は大変でしたが、猛勉強をつづけ、半年後にはテニスコーチの仕事も見つかりました。

志望校も決め、願書を提出した受験日の二日前のことです。A大学から「受験資格ナシ」という通知が届きました。実は、日本の大学に入るには「原則として母国で十二年間の教育を終えていること」という条件があります。マレー

シアや香港、ミャンマーなどは日本と学制が異なり、十一年で高校卒業となります。ですから、高校を卒業していても、日本では大学へ入学する資格がないことになってしまいます。しかし、日本政府は何年か前に「大学受験資格は、それぞれの大学で柔軟に対応すること。学内に『資格審査委員会』を設置して、決定すること」というお達しを出していました。そのことがあって「願書を受理されたということは、A大学は十一年でもOKなのだ」とエルラデさんは安心していたのです。

「なぜ願書を提出する時に言ってくれなかったのか？　いったんは受理しておきながら、試験日の二日前になって、やっぱり受け入れられないと通知してくるなんてあんまりだ！」

　でも、何度問い合わせをしても、大学からは「規則ですから」という機械的な返事しか戻ってきませんでした。エルラデさんは打ちひしがれ、もう何をする元気もありません。私は彼と一緒に『カチン族の教会』で祈ることしかできませんでした。

　しかし、それから一ヵ月後、努力が実りました。幸運にもB大学で願書が受理され、面接、筆記試験を受け四年制大学の経営学部に合格することができたのです。

　大学では持ち前の明るさで友人もたくさんでき、楽しい学生生活を送ることができました。エルラデさんの魅力の一つは、どんな時でも明るく、積極的に話しかけていく姿勢です。そんな彼に、テニススクールのコーチをしている時、素敵な出会いがありました。

十四人の生徒の中に一人あまり輪に入らない女性がいました。とても内気で言葉数の少ない人でした。エルラデさんは誰よりも彼女に声をかけ続けました。

次第にエルラデさんと話すことが楽しくなってきた彼女は、エルラデさんの仕事が終わるまで待つようになったのです。それから彼女は、ご両親でさえもその変化にびっくりするほど、明るくよくおしゃべりをする女性に変わったそうです。彼と接する多くの日本人が、彼の根っからの明るさに魅かれ、どんなことがあってもくじけない姿勢に感動するといいます。エルラデさんは彼女と結婚し、日本人「楽弥谷　藍汀（らびや　らで）」になりました。今は奥さんのご両親と同居しながら、テニスのフリーコーチ、教会のボランティア、そして試合出場と、充実した毎日を送っています。

■音楽を通して日韓文化交流

「言葉と文化が誰にでもわかりやすい形で入ってくるのは、音楽です。日本の音楽を聴くだけで、日本文化が理解できるって、すばらしい！」

専門学校「東京ミュージック＆メディアアーツ尚美」で学ぶ朴炳坤（パク　ビョンゴン）さんは、音楽を通して日韓文化交流が広がっていくことを願っています。

韓国の大学で経済を専攻したパクさんは、アディダス・コリアに就職をしましたが、そこで新人研修として提示されたのがドイツ留学。輝かしいサラリーマン人生が待っているはずでした。
しかし、「日本の音楽を韓国に紹介したい。日本の人にも韓国の音楽のよさを知ってもらいたい」という学生時代からの夢を、パクさんはどうしても断ち切ることができませんでした。悩みに悩んだ末、せっかくの大きなチャンスをきっぱりと諦めました。大学在学中からＤＪをしていた彼は、音楽を一生の仕事とすることに決めたのです。
アディダスをやめると言った時の父親の反対は大変なものだったそうです。
「何をわざわざ会社をやめてまで、音楽のために日本に留学するんだ！」
何を言ってもわかってもらえなかったといいます。彼は父親とのどうしようもない距離感に悩みました。しかし、どうしても音楽の夢を捨てることができず、悶々とした日を送っていました。そんなある日、お父さんがパクさんに言ったそうです。
「俺にもお前のライブを見せてくれ」
ライブの間、ずっと無言で、ステージの上のパクさんを見つめていた父親は、
「そんなに好きだったら、とことんやれよ。日本でがんばれよ」
といってくれたそうです。
日本語学校で日本語を学び始めたパクさんが選んだアルバイトは、イベント企画の裏方でした。イベントの警備、

受付け、駐車場整備、なんでもやりました。それは、将来、コンサート企画の責任者になった時、それを支える人々の心、一緒に働く日本人の物の考え方が理解できなければ、メンバーの心を一つにすることはむずかしい、と考えたからでした。

先日、「POSITION」という韓国の人気歌手のコンサートがあり、パクさんは企画メンバーの一人でした。一九九六年にソウルでデビューし、バラードを歌ってきた「POSITION」は、二〇〇二年に尾崎豊の「アイラブユー」を韓国語でリメイクして、大ブレークしていました。

パクさんは、この「POSITION」が日本でも大ブレークする予感がし、自分の手で成功させたいと、ただ今「夢街道」まっしぐらです。

「将来、日本で仕事をしたいと思っています。新人を見つけ、その人を自分の力で日本のナンバーワン歌手にしたい。大好きな音楽を通して日韓の架け橋になりたいんです。ただ個人的に成功したいだけじゃない。日韓のために何かできたら、こんなに嬉しいことはありません」

■日本の地方政治に飛び込んだ留学生

早稲田大学大学院で政治学を勉強していた韓国人のキムさんは、金沢大学の博士課程に進学しました。両親や周りの人たちは「なぜわざわざ金沢に……」と猛反対しましたが、彼は地方都市でしか味わえない体験をしたいと、奥さんと幼い子を連れて金沢に旅立ちました。

彼の専門は「政党の福祉政策」です。日本で学んだことをもとに、韓国社会の発展に寄与したいと強く願っていました。

金沢に着くと、彼はすぐに「金沢市男女共同参画推進懇談会」という審議会の公募委員になりました。遠くから金沢という町を見るのではなく、みんなと同じ視線で、同じ土俵で考え、行動しようとしたのです。

「せっかく日本に来たのだから、いろいろ体験し、学問分野をもっと広げたいと思い、委員になりました。自分の言いたいことはどんどん発言していきます」

彼からの、懐かしい手紙にはそう書いてありました。

それから数ヵ月、『頑張ろう！石川』をテーマにした懸賞論文に応募し、優秀賞に選ばれたという知らせが、新聞記事とともに届きました。

彼のテーマは「新世紀の共生のまちづくり」でした。具体的に「環日本海青少年国際フォーラム（仮称）」を石川県でやることを提案しています。彼は県民にこう問いかけています。

「このような交流を経た青少年たちが成長し、自国の中枢になった時、その交流の成果は極大化されるのではないか」

何と頼もしいことでしょう。この言葉に、私は「日韓新時代の訪れ」を改めて感じました。彼は金沢での博士課程を終え、ソウルに帰国しました。

■「毎日食事サービス」から福祉の道へ

韓国人のチャンさんは、韓国で幼稚園の先生をしていましたが、新しい自分を探したいと日本留学を決意しました。

「幼稚園に通う子供たちのキラキラした目に、もっと確実に応えたい。そのために自分自身をもっと磨きたい」

日本語学校に入学してすぐ「何でも体験したい」と、「杉並区・老後を良くする会」主催の「毎日食事サービス」に参加しました。日本人とのボランティア活動を通して、日本社会を知り、日本の福祉を勉強したいと考えたのです。

「日本社会はなんと障害者に優しい社会なのでしょう！」

彼女の目には、日本では障害者が自分自身をとても大切にしていて、周りの人も同じように接していると見えたのです。現実はそうとも言い切れない部分もありますが、彼女はそのことがすばらしいと話してくれました。

『五体不満足』の乙武洋匡さんの生き方にも、彼女は深く感銘を受け、乙武さんの母親のような母になりたい、彼の友だちのような人間になりたいと、福祉の専門学校に進学していきました。

彼女は言います。

「私は、もっともっと日本人と話をしたい。自分のこと、将来のこと、そして女性の生き方について、日本人との素敵な出会いを待っています」

■日本社会で日韓文化交流に励むカップル

ＫＡＲＭＳ（カームズ）のソウナンジェ（徐蘭載）さんが黒澤明の「七人の侍」を見て日本に興味を持ち始めたのは、17歳の時でした。リアルに描かれた日本人の生き方に感動し、「日本ってこんな国なんだ。黒澤はすばらしい監督だ！いつかは日本に行ってみよう」

そう考えて日本留学を決意しました。日本語学校に二年通った後、日本の大学で放送を学び、憧れのＫＢＳ日本支局に就職しました。さあこれから発信していこうと張り切るソウさんを待っていたのは「韓国の特派員の目から見た日本紹介」でした。彼がやりたかったのは、もっと生活に根ざした、日本社会に入り込んだ日本紹介、相互理解を重視した韓国紹介だったのです。

自分自身が見たこと、感じたこと、考えたことを自由に伝えていきたいと考えた彼は、ＫＢＳをやめ、会社を立ち上げました。

会社のモットーは、韓国と日本の文化的交流を草の根レベルで支えることでした。

「アジアの世紀といわれている21世紀。韓国と日本がもっと心から互いのことを理解し合えるようになること、それこそがＫＡＲＭＳの存在意義であり、ＫＡＲＭＳを立ち上げた人たちの願いなのであります」

とホームページには書いてありました。

「韓国と日本は世界で一番近い国なのに、あまりにも知らなすぎますよ。表面的な本や番組ばかりが多すぎます。韓流ブームも互いに知り合うきっかけとしてはいいですが、韓日で見つめるところがあまりにも違っている。それが残念でなりません。」と話し出したソウさんは、日本の祭りのパワーについてこう語ってくれました。

「日本人は個人主義だとよく言われます。隣りで女の子が倒れても黙って通り過ぎてしまう光景にも何度か出会いました。日本人にはそんな一面も確かにありますが、祭りをみんなで作り出そうというあのパワーがあるからこそ、今の日本があるんですよ。韓国人の私はそれを学びたい。そして、日本人自身もその自分たちのよさに気づいてほしいんです」

留学生とのふれあいは、相手の文化を知ることができるとともに、自分自身をみつめるきっかけにもなります。

彼は続けてこう言いました。

「上の人が下の人に対して深々とお辞儀をしながら、『ありがとうございます』という日本人。東方礼儀之国と言われる韓国にも、この習慣はありません。相手を思いやる温かい気持ちの日本的な表現法なんだと思います。私はこの日本人のしぐさが大好きです」

異文化が触れ合うことの楽しさは、お互いのよさに感心し、自分自身のすばらしさを再認識することではないでしょうか。

韓国の大学で伝統音楽を専攻した奥さんのムンヒ（文姫）さんは、今日本人の子供たちにカヤグム（伽那琴＝爪をつけずに指で弦を弾く韓国の琴）を教えています。日本の琴とは違った地味で少し鈍い響きが、心に染みわたるのだと生徒の日本人は感想を述べてくれました。日本の琴とカヤグム、似ているようで違うものこそが多くの気づきを与えてくれるのではないでしょうか。

映像を通して日韓文化交流を進めるソウさん、カヤグムで日本の地域社会で日本人と交流するムンさん。この素敵なカップルは、かつて私の日本語初級クラスで学んだ留学生たちです。十年一昔、見事に大輪の花を咲かせてくれました。「近くて最も遠い国」が「近くて最も親しい国」韓国に変わる日は、もうすぐそこまで来ているような気がします。

■帰国を決意させた日本人の言葉

高校を卒業したばかりの留学生Ａさんは、日本の大学の法学部に入り、知的財産権について勉強するのだと目を輝かせていました。しかし、ある年のゴールデンウィークが始まってすぐのことでした。彼女はスーパーの警備員に「化粧品を盗んだ」として、捕らえられてしまったのです。

彼女は、まったく身に覚えがありませんでしたが、どうしてか持っていた紙袋に買ってもいない口紅が入っていたのです。あれこれ選んでいるうちに落とした物がたまたま入ったのか、誰かが故意にしたことか、日本に来て半年の彼女には十分に説明する力もありません。また彼女の国の言葉を理解できる警察職員もいませんでした。

どんなに否定の言葉を続けても話はいっこうに進展しません。やっと駆けつけた担任教師の説明で疑いは晴れましたが、先生が来るまでの一時間は、彼女にとって本当に屈辱的でした。

「盗みをするために日本に来たのか」「早く本当のことを言えば、お互い楽になる」と、まるで犯罪者扱いだったそうです。

事件から二ヵ月後、彼女は学校を退学し、こういい残して日本を去りました。

「日本人が全部そうだとは思いません。でも『留日反日、留米親米』って本当だなってつくづく思いました。もう、日本には来たくありません」

「アジアからの留学生だ」ということで、色眼鏡で見てはいなかったでしょうか？　アジア系の犯罪が増えていることは確かですが、夢と希望を持ってまじめに生きている留学生がいることも忘れないでほしいものです。

■心が壊れてしまった留学生

翻訳家になるという大きな夢を持って成田空港に降り立ったＢさんは、その二年後、悲しい姿で韓国に帰らねばなりませんでした。日本人の恋人との関係がうまくいかなくなったことや、アルバイト先でのトラブルが彼女の心を蝕んでしまったのです。このまま一人にしておけないと判断し、韓国に連れて帰ろうとしましたが、彼女はどうしても日本を離れたくないと言います。どうして帰国を拒んだのかは、今でもわかりませんが、何とか説得して帰国の途に着きました。
「私は誰ですか？　先生、私は韓国人ですよね？」
ときどき奇声を上げるＢさんを、プサンの空港で出迎えた時の両親の表情を私は忘れることができません。一年ぶりに再会した愛娘のうつろな目、無表情な顔、そして息ができないほどの悪臭。彼女は長いことお風呂にも入れない状態だったのです。どんな思いで空港からプサンの自宅に向かったのか、両親の辛さは計り知れません。
もし、Ｂさんに心から話しをする友だちや適切なアドバイスをしてあげる人がいたなら、きっと違った人生を歩むことができたでしょう。
Ｂさん以外にも、たまたま、私たちの目に触れず、耳に入らないだけで、何も言わずに帰国してしまった留学生たちが、本当はたくさんいることも忘れてはならないでしょう。夢を抱き日本に来てくれた留学生に、私たち一人ひとりが積極的に声をかけ、留学生にとって住みやすい日本社会を作っていきたいものです。

■留学生はご近所の「がんばって！」が支えです

日本語学校で学ぶ留学生たちは、大きな夢を持って日本にやってきます。社会の一員として暮らす彼らは日本人や日本社会に驚いたり、感動したり、さまざまな思いを抱いて毎日、留学生活を送っています。その彼らを外側から支えているのが、身近な人の一言です。

「おはよう、パクさん。がんばるねえ」と、朝、いつも大家さんから声をかけてもらうパクさんは、大家さんとすっかり親しくなり、キムチが届くとおすそ分けをするようになりました。

新聞配達をしているシムさんは、韓国では一度もアルバイトをしたことがありません。でも、学費は自分で稼ぎたいとアルバイトを希望しました。雪の朝、滑らないように自転車を引いていくシムさんに、雪かきをしているおじいさんが声をかけました。

「滑らんように行くんだよ。凍ってるからね。頑張って！」

一見違うように見える日本社会と韓国社会ですが、人の思いは皆同じです。相手を思いやり、共に助け合いながら暮らしていこうという姿勢は同じです。ただ、国によって表現の仕方が違い、接し方が違うだけです。

食事をする時の「いただきます」は多くの留学生が大好きな言葉です。この食事を自分に与えてくれたすべての人に感謝しながら食べる日本人の心が込められている言葉です。

こんな質問が韓国人のヨムさんから飛び出しました。

「どうして日本人は、お金を払って食事をしているのに、レストランで『ご馳走さま』って言うんですか」

「これも感謝の気持ちの表われです」

という説明に、ヨムさんは大きくうなづきました。

留学生の姿を通して、日本、日本語、そして日本社会を、私たちとご一緒に考えてみてはいかがでしょうか。

■留学生は「未来からの大使」

世界のいろいろな国・地域から来た留学生が、日本語・日本文化そして日本事情を学び、日本語学校を巣立っていきます。それぞれの夢の実現に向けての出発は、実際はこれから始まるのです。

異文化交流に深い理解と経験を持つ卒業生は、これからさまざまな分野での活躍が期待されます。さらに、日本と母国との架け橋「未来からの大使」となってくれることも期待できます。

日本語もあまり話せないまま、将来に対する不安を抱え日本に降り立った留学生は、日本語学校での一年、二年後大きく成長し、自ら選んだ道を突き進んでいきます。

日本語学校で学ぶ留学生たちの多くが、大学、大学院、専門学校への進学を希望しています。平成十七年度は、日本語学校を終了した留学生のうちの72.4%、20,360人が進学し、過去最高となりました。進学先は専門的分野を学ぶ専修学校がもっとも多く54.8%を占めています。次いで大学が34.9%、大学院の研究生が5.5%と続きます。

中には卒業後は帰国し、母国で日本を伝える職についている人もいます。そのまま日本で就職をする留学生も年々増加してきています。

彼らのこれからの人生は少なからず日本に関わり、日本との交流を担ってくれることでしょう。たとえ短期間だったにせよ、人生のある時期に日本に滞在したことが留学生の大きな財産となることを願ってやみません。

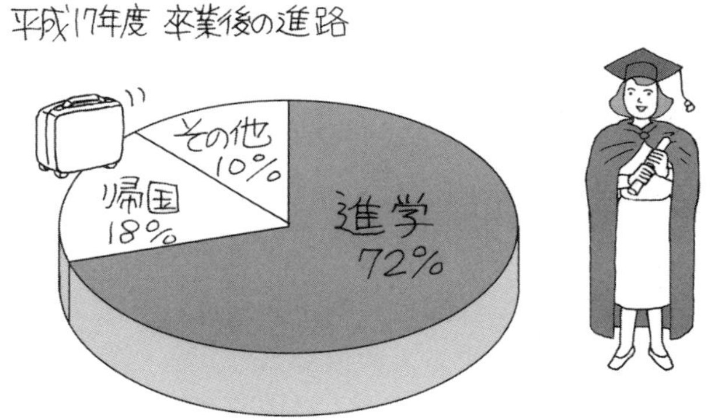

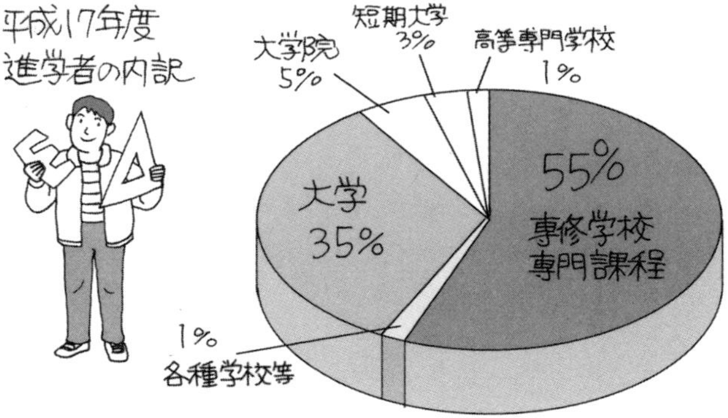

あとがき

文化の違いに上下はない

「文化に上下はない」と言ったのは、長年対馬で対朝鮮外交を司った儒学者・雨森芳洲（一六六八〜一七五五）です。

江戸時代には、朝鮮通信使が十二回来日しました。使者といっても十人や二十人の規模ではなく、四百人から五百人におよぶ大文化使節団です。鎖国時代と言われている江戸時代ですが、実はこのように大規模で多彩なメンバーによる日韓文化交流が行われていたのです。

雨森芳洲は、第八回（一七一一年）と第九回（一七一九年）に朝鮮通信使を出迎えました。彼は、朝鮮語を自由に操り、中国語会話にも優れていました。

「隣りの国と交わるにはまず言葉を知ることが大切である」と、命尽きるまで外国語を学び続けたのです。そして「それぞれの国の文化に優劣、上下はない。国と国との関係は平等であり、お互いを尊重しなければならない」と主張しました。

彼の視点のすばらしさは、文化に優劣はないということ、そして単に言葉を学ぶのではなく、「文化を知る、社会を知る、人々を知る」ことの重要性をよく理解していたということです。もし多くの現代人が、雨森芳洲の思想を理解し、真の国際化をめざしていくならば、もっとよい形で日韓関係が築けるのではないでしょうか。
八十八歳でこの世を去るまで、雨森芳洲は語学学習を続けました。二十二歳で中国語の会話（唐話）を習い始めました。日本の漢文は返り点をつけ、訓をつけて読み下していくため、漢文を知っていても中国語で会話をすることはできません。そこで、なんとか中国の人たちと話をしたいという思いから、対馬から長崎まで国内留学をし、恵厳という僧侶について中国語会話を学んだのです。そして、その語学学習への情熱は、生涯続きました。
韓国語に関しては、対馬藩の倭館がプサンにあったことから、プサンにでかけて学びました。現代では海外留学は簡単にできますが、当時としては大変な努力が必要だったと記されています。
教材は何もなく、自分自身でいくつもの学習書を作りながら学んでいったそうです。
彼が作った『交隣須知』は、その後、明治になるまで改訂を続けながら、韓国語の教科書として使われていました。今でこそさまざまな教科書が出版され、韓国ドラマで楽しく学ぶことができますが、当時はゼロから「知らない言葉」を習得していかなければなりません。
何もない時代に大変な苦労をしながら学び続けた先達たちは、自分たちの手で文化を作っていくのだという気概に満ち、そして実現していきました。
時代が下り、ＩＴ時代の今、私たちは気楽に海外へ行けますが、「語学を学ぶのは、その国の文化、人々の考え方を理解するため」と説いた芳洲の思想を忘れてしまったようです。
「近くて遠い国」と言われ続けた韓国ですが、「近くて最も親しい国」として生まれ変わるには、政治の力もさることながら、「体験をベースにした民間交流・草の根外交」が大きな役割を果たすに違いありません。

百聞も「一験」に如かず

今の若い韓国人たちは、日本と韓国をしっかりと見つめ、一方的に学校で教えられたこと、人から聞いたことを鵜呑みにすることは少なくなりました。自分の目で見、自分の足で調べ、そして自分の頭で考えて行動しています。こういう若者が日韓双方で増えていけば、両国の関係はますますよくなっていきます。
『百聞は一見に如かず、されど百見も「一験」に如かず』という言葉を聞いたことがあります。
「百聞は一見に如かず」は、ただ他の人から話を何回も聞くよりも、実際に一度自分自身の目で見るほうが、ずっとよいという意味です。そして、「百見も一験に如かず」とは、実際に体験すること、経験することが何よりも大切だということです。
今回、この本をお読みいただいたことをきっかけに、日本社会で生活している留学生たちと交流する機会を持ってはいかがでしょうか。皆様にとって大きな財産となることをお約束いたします。

最後に、私が韓国語でスピーチした『言葉で学ぶ民族の心』を掲載しておきます。ハングルのわかる方はハングルでお読みいただければ幸いです。

「言葉で学ぶ民族のこころ」

「先生、私の祖父は沖縄に連行された経験があります。そんな祖父は日本での辛い経験を、いつも私に話して聞かせました。だから、私は日本に勝ちたいと思って日本語を専攻しました。勝つためには、まず相手の国を知らなければならないと考え、日本語を勉強することになったわけです」

韓国へ帰る前に、金哲洙さんはこう話しました。日本に強い関心を抱いていた彼が日本語を勉強するようになったきっかけが、そのような事だったとは夢にも思いませんでした。彼はまたこうも言いました。

「日本に来て二年経ちましたが、日本が好きになれません。でも日本に対する考えは、来る前とは少し変わりました。とにかく、まず日本が変わるべきなんですよ。日本の歴史教育が変われば、韓日関係だってよくなるだろうと思いますよ」

私たち日本人は、こういった韓国人の思いをどこまで理解しているのでしょうか。そう思いながら、私と韓国語との出会いを思い浮かべてみました。

私の韓国語学習の動機は単純でした。ある時私は一人の学生に注意されました。

「先生、私の名前は『リク　タイセイ（陸泰星)』じゃなくて『ユク　テソン』です。ちゃんと呼んでくださいよ。私は他の所でも、正しく呼ばれるまで絶対に返事しないことにしているんです」
「あ、そうなんだ！　これからは彼等の名前を日本語読みではなく、原音で正確に発音しよう」そう考えて、私は韓国語の勉強を始めました。
　私は詩が好きだったので、まず暇さえあれば、韓国語の詩を暗記し始めました。ある日公園を学生たちと散策しながら私は、尹東柱の「序詩」と金素月の「つつじの花」をそっと口ずさみました。
「先生、韓国語わかるんですか？　詩の意味もわかって、詠んでいるんですか？　この詩は韓国の心ですよ。」
　その一ヵ月後、彼女から「尹東柱」の詩集をもらいました。その本にはこう書いてありました。
「先生が韓国を理解なさる時に、少しでもお役に立てればいいのですが」
　私はこの詩集をきっかけにして、日帝支配の下で詩を作らなければならなかった尹東柱の人生、そして彼が生きた時代に対する関心が、少しずつ深まっていきました。
　さらに、日韓の歴史を単なる知識としてのみ知っていただけで、実は何もわかっていなかった自分に気付きました。たとえば『創氏改名』ということは知っていても、その時の彼等の心情にまでは考えが至っていませんでした。
　族譜（チョッポ）を大切にする韓国人にとっては、名前を捨てさせられるということは、命を失うのと同じだったのです。『創氏改名』による彼等の大きな心の傷を、私はその時初めて知りました。それからというもの、私はもっともっと彼等の名前を正確に読めるようになりたいと韓国語の勉強に励みました。
　先ほどお話した金哲洙さんは、最後にこう言って帰っていきました。
「先生、不思議なんですけど、日本にいる時はいろいろ日本に反発ばかりしていたんですよ。だけど韓国に戻ると反対に、日本のことをなんのかのと騒ぎ立てる人を見ると、『何言ってるんだ。よく知らないくせに』って、いつも日本をかばう姿勢になるんですよ」
　私はその時こう考えました。
　国と国との理解は、こうした一人ひとりの経験、出会い、そして腹を割って話をする姿勢が備わってこそ、より深められていくのではないだろうか。

『死ぬ日まで空を仰ぎ　一点の恥ずる事なきを……
　葉あいにそよぐ風にも　我が心は痛む』

　今日も私は序詩を口ずさみながら、韓国語の勉強に励んでいます。

언어로 배우는 민족의 마음

시마다 카즈코

“선생님, 저의 할아버지께서는 오키나와에 징용된 적이 있어요. 그런 할아버지께서는 언제나 저에게 일본에서 지냈던 괴로운 경험들을 말씀해 주시곤 했어요. 그래서 저는 일본을 이기고 싶어서 일본어를 전공하게 됐어요. 그러기 위해선 먼저 상대국을 알아야 한다고 생각했기에 일본어를 공부하게 된 셈이지요.”

한국에 돌아가기 전에 김철수 씨는 이렇게 말했습니다. 일본에 관심이 많았던 그가 일본어를 공부하게 된 계기가 바로 이런 것이었다는 것을 저는 꿈에도 생각하지 못 했습니다. 그는 또 이런 말도 했습니다.

“일본에 온지 2년이 지났는데도 일본이 좋아지질 않네요. 그래도 일본에 대한 생각은 오기 전과는 조금 달라졌어요. 하여간 일본이 먼저 달라져야 한다고 생각해요. 일본의 역사교육이 바뀌면 한일관계도 나아질거예요.”

일본사람들은 이런 한국사람들의 생각을 어느 정도 이해하고 있을까? 그렇게 생각하면서 저는 내 자신과 한국어와의 만남을 떠올려 봤습니다.

제 자신과 한국어와의 만남은 한국인 학생의 이름을 정확히 불러야겠다는 단순한 동기에서부터 였습니다.

저는 정말 열심히 한국어를 공부했습니다.

우선 저는 시를 좋아하기 때문에 틈만나면 한국 시를 암

기하기 시작했습니다. 어느 날 학생들과 같이 공원을 산책하면서 윤동주의 서시와 김소월의 진달래꽃을 읊은 적이 있습니다.

"선생님, 한국어 할 줄 아세요? 시의 의미도 아시고 읊으신거예요? 이런 시는 한국의 마음이에요!"

그 후 한 달이 지난 어느 날 그녀에게서 윤동주의 시집을 선물 받았습니다. 그 책에는 이런 말이 써 있었습니다. '선생님께서 한국을 이해하시는데 조금이나마 도움이 되었으면 합니다.' 이 시집을 계기로 일제지배하에서 시를 써야했던 윤동주의 인생 그리고 그가 살아온 시대에 대한 관심이 점점 더 깊어지게 됐습니다. 또한 저는 일한역사를 그저 지식으로써만 알고 있었지, 사실은 아무것도 모르고 있었던 제 자신을 발견할 수 있었습니다. 예를 들면, '창씨개명' 이라는 것은 알고 있었지만 그 때 그들의 심정까지는 생각이 미치지 못 했던 것입니다. 더군다나 족보를 소중히 여기는 한국 사람에게는 이름을 버린다는 것은 생명을 잃는 것과도 같은 것이었을 겁니다. '창씨개명' 에 의한 그들의 커다란 마음의 상처를 그 때 처음으로 알게 되었습니다. 그 때부터 저는 더더욱 한국사람들의 이름을 정확히 부를 수 있도록 한국어 공부에 힘을 기울였습니다.

김철수 씨는 마지막으로 이런 말을 하고 돌아갔습니다.

"선생님. 이상해요. 일본에 있을 때는 이것저것 일본에 대해 반발만 했었는데, 한국에 돌아가면 반대로 일본에 대해 이러쿵저러쿵 떠들어대는 사람들을 보면 '무슨 말 하는 거야. 제대로 알지도 못 하면서……' 하며 일본을 감싸주

게 돼요."

저는 그 때 생각했습니다.

나라와 나라 사이의 이해관계는 이런 개개인의 경험이나 만남 그리고 서로 터놓고 이야기 하려는 마음의 자세가 있을 때 더욱 깊어져가는 것이 아닐까요?

'죽는 날까지 하늘을 우러러
한 점 부끄럼이 없기를,
잎새에 이는 바람에도
나는 괴로워했다.'

오늘도 저는 서시를 읊어가며 한국어 공부에 힘 쓰고 있습니다.

カバー・表紙デザイン／デザインFF
カバー・本文イラスト／藤臣柊子
データイラスト／塩浦信太郎
著者撮影／李美京

嶋田和子［しまだ・かずこ］

学校法人国際青年交流学園イーストウエスト日本語学校副校長。1946年東京生まれ。津田塾大学英文科卒、放送大学大学院文化科学研究科修了。ファースト・ナショナル・シティ銀行（現シティ・バンク）勤務を経て日本語教師となる。現在は教師の指導、学生の日本語指導・進学指導に当たる。地域社会、小中学校、大学等とのネットワークの構築をめざす。早稲田大学大学院日本語教育研究科非常勤講師。社団法人日本語教育学会常任理事。著書に『日本語の達人への道（韓国語）』（韓国サラムイン出版）、『世界がステージ！（共著）』（岩波ジュニア新書）、『アカデミック・ジャパニーズの挑戦（共著）』（ひつじ書房）などがある。

キムチと味噌汁 ―― 韓日、異文化交流のススメ

2007年3月6日　初版第1刷発行

著　者　嶋田和子
発行者　阿部英雄
発行所　株式会社教育評論社
〒103-0001 東京都中央区日本橋小伝馬町 2-5 FK ビル
TEL. 03-3664-5851　FAX. 03-3664-5816
http:/www.kyohyo.co.jp
印刷製本　笹徳印刷株式会社

ISBN 978-4-905706-14-4